Manfred Arndt

Mit Gewinn alt werden

Verlag Via Nova

1. Auflage 2004
Verlag Via Nova, Alte Landstraße 12, 36100 Petersberg
Telefon: (06 61) 6 29 73
Fax: (06 61) 9 67 95 60
E-Mail: info@verlag-vianova.de
Internet:
www.verlag-vianova.de
www.transpersonal.com

Umschlaggestaltung: Klaus Holitzka, 64756 Mossautal
Satz: typo-service kliem, 97647 Neustädtles
Druck und Verarbeitung: Rindt-Druck, 36037 Fulda
© Alle Rechte vorbehalten
ISBN 3-936486-69-7

Für Jörg

Inhaltsverzeichnis

Einleitung   9

1. Kapitel: Krise und Chance des Voralters   17
Veränderungen im Voralter   17
Kränkung und Umformung   30

2. Kapitel: Aneignung der Lebensgeschichte   37
Lebenspanorama   37
„Wir alle sind Museumsstücke"   41
Noch einmal nach ...   46
Das Leben, ein Trauerspiel ...   53
„Ach, wie schön ..."   57
Les adieux   62

3. Kapitel: Zeit der Verwandlung   69
Von Veränderung zu Verwandlung   69
Von Leistung zu Reifung   74
Von Zugehörigkeit zu Fremdheit   83
Vom Aufhäufen zum Loslassen   88
Vom Unterhaltsamen zur Stille   92
Von äußerer zu innerer Welt   99

4. Kapitel: Entgrenzte Lebensformen   107
Intuitives Mitleben   109
Zeichenhafte Einmischung   113
Späte Liebe   122

Schöpferisches Werk 127
Rückkehr zur Erde 130
Tröstende Präsenz 134
Harren vor dem Heiligen 140
Letzte Stille 147

Anmerkungen 151
Ausgewählte Literatur zum Thema „Altern" 154

Stefan Zweig

Der Sechzigjährige dankt

*Linder schwebt der Stunden Reigen
Über schon ergrautem Haar,
Denn erst an des Bechers Neige
Wird der Grund, der gold'ne, klar.*

*Vorgefühl des nahen Nachtens
Es verstört nicht – es entschwert!
Reine Lust des Weltbetrachtens
Kennt, wer nichts mehr begehrt.*

*Nicht mehr fragt, was er erreichte,
Nicht mehr klagt, was er gemißt.
Und dem Altern nur der leichte
Anfang seines Abschieds ist.*

*Niemals glänzt der Ausblick freier
Als im Glast des Scheideblicks,
Nie liebt man das Leben treuer
Als im Schatten des Verzichts.*

Einleitung

„Auf dem Weg zum Rentner-Volk" titelt eine deutsche Tageszeitung Ende Juli 2000 auf der ersten Seite. In diesen Tagen hat nämlich das Statistische Bundesamt die neueste Bevölkerungsstatistik und eine Hochrechnung bis zum Jahre 2050 vorgelegt: Das Zahlenverhältnis zwischen den Generationen werde sich „dramatisch verschieben, weil immer weniger Kinder geboren werden, während die Lebenserwartung steigt". Die deutsche Alterspyramide gleiche „zunehmend einem auf dem Kopf stehenden Tannenbaum". Die Gesellschaft „vergreise". Und das führe zu unabsehbaren Folgen für die Ökonomie, die Sozialversicherungen, den Wohnungsmarkt etc. Mehrere Varianten der Zuwanderung werden durchgespielt, um Perspektiven einer „Umsteuerung" zu gewinnen, die zu einer Normalisierung des Altersaufbaus führen könnte.[1]

In der Tat sind diese Ergebnisse besorgniserregend, und man tut gut daran, über eine „Umsteuerung" nachzudenken. Allein, in mir meldet sich auch Unbehagen, ein fernes Gefühl, als Alternder bloß eine Last zu sein, nicht anders denn als ökonomische und versicherungstechnische Größe erfasst zu werden. Wo, bitte, wird in gleicher Intensität über eine „Kultur des Alterns" nachgedacht, über ihre mögliche Bedeutung für unser gesellschaftliches Zusammenleben? Mehr denn je gilt, was R. Guardini schon in den fünfziger Jahren sagte: „Man spricht viel und mit Besorgnis vom zunehmenden Anteil der alten Menschen am Gesamtbestand des Volkes – ich bin aber noch nie der Frage begegnet, ob nicht das wirklich Besorgliche darin bestehe, dass der alte Mensch heute weithin keine echte Funktion mehr im Ganzen hat, weil er sich selbst nicht in seinem Sinn versteht. Dann ist er allerdings für die Familie, die Gemeinde, den Staat nur eine Last. – Es hängt viel, auch in soziologischer und kultureller Beziehung, davon ab, dass verstanden werde, was der alternde Mensch im Zusammenhang des Ganzen bedeutet. Dass der gefährliche Infantilismus überwunden werde, nach welchem nur junges Leben menschlich wertvoll ist. Dass unser Bild vom Dasein die Phase des Alters als Wertelement enthalte und dass damit der Bogen des Lebens voll werde, nicht aber sich in ein Fragment hinein beschränke und den Rest als Abfall ansehe."[2]

In den einzelnen Kapiteln dieses Buches gehe ich deshalb der Frage nach, welchen individuellen und gesellschaftlichen Gewinn ein bewusst als Aufgabe verstandenes Altern mit sich bringen könnte. Altern in diesem Sinne wird allerdings nicht mit besonderer Aufmerksamkeit bedacht in einer Gesellschaft, die vorwiegend auf Leistungsstärke und Jugendlichkeit setzt. Alternde geraten vielmehr bisweilen unter einen eigentümlichen Legitimationsdruck, der sie nötigt darzutun, was sie noch zu leisten vermögen, wie jung und fit sie noch sind. Es ist nicht leicht, sich abzugrenzen und mit Selbstbewusstsein zu sagen: Leistung im öffentlich definierten Sinne tritt für mich in den Hintergrund, so etwas wie menschliches Reifen wird mir wichtiger. Ich möchte gar nicht jung und fit bleiben, sondern „mit Gewinn alt werden". Das heißt für mich, mein Augenmerk nicht vornehmlich auf die Erhaltung der Jugendlichkeit oder den unentrinnbaren Verfall zu richten, sondern auf die im Grundton positive, lohnende, befreiende, wenn nicht gar genussvolle Chance nochmaliger Bereicherung, Reifung und persönlicher Verwandlung angesichts des bereits deutlich sichtbaren Lebensendes.[3]

Altern zu können ist also etwas anderes, als bloß alt zu werden, Runzeln zu bekommen, dem Unentrinnbaren sich auszuliefern. Es setzt voraus, den „Bogen des Lebens", die Lebensalter, Lebensstufen, einen Lebenszyklus[4] für sich selber zu bejahen, die Bedeutung der Lebensalter zu erfassen und in der Phase beginnenden Alterns zu ergründen, was jetzt „dran" ist. Wer es verweigert, diesen Lebensbogen für sich selber abzuschreiten, steht in Gefahr, sich wie Narziss, der nicht altern konnte[5], in die Gefangenschaft „ewiger Jugendlichkeit" zu begeben und die altersgemäßen Lebensaufgaben zu verfehlen. Dieser negativen Entwicklung leistet die öffentliche Meinung allerdings reichlich Vorschub. „Die Grenzen zwischen Jugend und Alter", so J. Bodamer, „werden so verwischt und undeutlich gemacht, dass Jugend nicht mehr einen Zeitabschnitt der menschlichen Lebensentwicklung bedeutet, sondern als permanente, gewollte und dann habituelle Unreife festgehalten wird. Der innere Mensch, der im Alter hervortreten müsste, wenn der äußere zu verblassen beginnt, bleibt aus, weil sich dieser innere Mensch, die inwendige geistige Figur einer menschlichen Existenz, das Ich des Alters – könnte man sagen –, gar nicht hat bilden können. Denn die Struktur unserer Zeit ist so, dass sie zwar organisatorisch und karitativ alles tut, um das Alter seine Nutzlosigkeit nicht zu sehr fühlen zu lassen, gleichzeitig verhindert diese Zeit auch mit allen Mitteln, dass wir im geistigen Sinn richtig alt werden können."[6]

Bei meinen Überlegungen in diesem Buch beschränke ich mich auf die Lebensphase des „Voralters", des „Präseniums", wie es manchmal auch heißt. Dieser Lebensphase gehen in grober Gliederung Kindheit, Jugend, frühes und späteres Erwachsenenalter voran. Ihr folgt das hohe Alter, das „Senium". Das Voralter umfasst etwa die Lebensphase vom 55. bis zum 65. Lebensjahr. Um Veränderungen, Verwandlungen und Aufgaben „junger Alter" soll es also gehen. Mir ist bewusst, dass nicht selten einer phasenspezifischen Gliederung des Lebensbogens Bedenken entgegengebracht werden. Oft stellt sich ein Gefühl ein, einem ideologischen Programm entsprechen zu sollen und damit eine individuelle Gestaltung aufgeben zu müssen. Diese Bedenken kann ich zwar an diesem Ort nicht ausräumen, aber ihnen vielleicht in einer gewissen Weise vorbeugen. Das lebenszyklische Verständnis und die Einmaligkeit eines Lebens widersprechen sich keinesfalls. Jeder lebt „sein" Leben und stirbt „seinen" Tod, gerade indem er „seinen" Lebensbogen auf „seine" Weise abschreitet. Zudem geht es ja auch nicht um starre Grenzen zwischen den Lebensphasen, sondern der Lebensbogen stellt eher so etwas dar wie ein Spektrum von Lebensfarben mit vielen Übergängen. Gleichwohl gibt es dann Momente im Lebensvollzug, die einen sagen lassen: „Nun bin ich offenbar in eine neue Lebensphase eingetreten." So kündigt sich in meiner Sicht das Voralter an, wenn deutlich ins Bewusstsein tritt, dass die längste Strecke des Lebens gelebt ist und nur noch die kürzere vor einem liegt. Diese Einsicht wird begleitet von zunehmendem Interesse am bereits gelebten Leben und an dem, was nun noch aussteht. Die *eigene Person* mag dann ins Zentrum rücken: Wie bin ich zu dem geworden, der ich jetzt bin? Welche Verwandlungen stehen in meinem Leben nunmehr an? Was möchte ich noch?

Ich gebe freimütig zu, dass meine Überlegungen in hohem Maße einseitig sind. Meine Aufmerksamkeit gilt vor allem jenen Weichenstellungen im Voralter, die es Alternden nach meiner Ansicht ermöglichen könnten, zu so etwas wie persönlichem Wachstum und schließlich zu einer gewissen

Altersreife zu gelangen. Ich bin in erster Linie an inneren Wandlungen interessiert, nicht an äußeren Aktivitäten. Für mich steht mehr im Vordergrund, was ein Alternder „sein", weniger, was er „tun" solle. Ich will damit keineswegs behaupten, es gäbe im Voralter nur diesen einen selbstreflexiven, ja meditativen Weg, auf den ich mich mit meinen Überlegungen begebe. Ich möchte lediglich einige Schritte auf einem solchen Wege, die mir selber naheliegend und einleuchtend erscheinen, zu bedenken geben. Andere mögen andere Wege beschreiben können, auf denen Alternde mit Gewinn *aktiver* durch das Voralter schreiten.

Wenn ich den Entwicklungen und Verwandlungen der Person während ihres eintretenden Alterns nachgehe, dann geschieht das in Anlehnung an die Ergebnisse analytischer Selbstpsychologie. Ihnen zufolge kann man den Lebensbogen eines Menschen auch beschreiben als Entwicklungsweg eines Selbst, das jeweils am Übergang von einer Lebensphase zur anderen durch körperliche und seelische Veränderungen in eine Krise gerät, die negativ beendet oder kreativ bearbeitet werden kann. Jedenfalls tritt an diesen Punkten des Lebens eine Erschütterung der Person ein, die eine neue Selbstdefinition herausfordert. Um die Krise zu bearbeiten, macht sich das Selbst in der Regel schon früh erworbene Fähigkeiten zunutze, um im besten Falle schöpferisch mit der neuen Lage umzugehen. Dazu gehört eine ungemein tiefgreifende „Umformung" der Zuwendung zu Menschen, Dingen und geistigen Welten.[7] Genau dieser „Umformung", den Möglichkeiten persönlicher Verwandlung während des Voralters, möchte ich nachgehen.

Im ersten Kapitel („Krise und Chance des Voralters") beschreibe ich in aller Kürze wichtige, z. T. krisenhafte Veränderungen des Körpers Alternder, ihres Berufs und ihres

Beziehungsnetzes, die eine Neuorientierung herausfordern. Ich benenne die mit den Veränderungen verbundenen Kränkungen im Selbstbild und diskutiere Chancen einer persönlichen, gewinnbringenden Umorientierung. Sie kann offenbar nur gelingen, wenn sich Alternde den Fragen nach ihrer Lebensgeschichte, nach Wegen der Verwandlung und nach den Lebensaufgaben, die ihnen im Voralter zugedacht sein könnten, stellen. Diesen Fragen gehe ich im zweiten („Aneignung der Lebensgeschichte"), dritten („Zeit der Verwandlung") und vierten Kapitel („Entgrenzte Lebensformen") nach.

Meine Überlegungen stütze ich auf ein breites Spektrum von Veröffentlichungen zum Thema „Altern" unter philosophischen, psychologischen, soziologischen und seelsorgerlichen Aspekten. Sie gaben mir Fragerichtungen an die Hand, mit deren Hilfe ich auf Tagungen, in Gesprächen und Korrespondenzen Material zum Thema zusammentrug. Nicht zuletzt gehen eigene Erfahrungen in die Überlegungen ein. So kam es, dass ein Bilderbogen von Szenen, Geschichten, Beobachtungen entstand, anhand derer der Gedankengang entwickelt wird. Und mit einer Geschichte beende ich auch die einleitenden Bemerkungen:

S. Freud geriet, als sich sein 50. Geburtstag näherte, in eine tiefe Krise, die er nur mühsam überwand, bevor er dann doch noch ein reiches Alterswerk hervorbrachte. Er fürchtete sich ungemein vor dem nun unentrinnbaren Altern. Wenn auch zu bedenken ist, dass um die Jahrhundertwende die durchschnittliche Lebenserwartung in Wien bei ca. 50 Jahren lag, so mussten doch noch andere Gründe für seine Irritation vorliegen. Neuere Untersuchungen ergaben nunmehr, dass sich in der vorausgehenden Generation in Freuds Familie nur wenige fanden, die ihn hätten zum Altwerden ermutigen können. Die meisten Personen wiesen Formen des Alterns auf, die ihn offenbar nur schrecken konnten.[8] – Ich selbst habe das Glück, in der Eltern- und Großelterngeneration fast ausnahmslos Menschen zu haben, die mir auf je eigene Weise zeigten, wie man mit einigem Gewinn sehr alt werden kann. Von einigen werde ich berichten. Ohne sie hätte ich wohl den ermutigenden Ton, der meine Überlegungen durchzieht, nicht gefunden.

1. Kapitel

Krise und Chance des Voralters

Auf den folgenden Seiten beschreibe ich skizzenhaft die Veränderungen im Leben Alternder in der Phase des Voralters. In dieser Lebensphase stellen sich mehr oder minder deutlich *körperliche, geistige, berufliche und beziehungsmäßige Veränderungen* ein. Mit der analytischen Selbstpsychologie wird angenommen, dass diese Veränderungen zwar eine massive Kränkung der eigenen Person darstellen, aber diese Krise des Selbst auch als Chance betrachtet werden kann. Die Chance liegt in einer kreativen und bereichernden *Umformung*, Umorientierung oder Verwandlung des Verhältnisses zu sich selbst, zu anderen und zur Welt.

Veränderungen im Voralter

Zum Zeitpunkt des beginnenden Alterns, also irgendwann um 60 herum, erreichen die Veränderungen des *Körpers* eine neue Qualität. Bis dahin waren Einschränkungen der körperlichen Verfassung meist Durchgangsstadien. Nun aber tritt etwas Neues hinzu: das Unentrinnbare beginnenden körperlichen Verfalls. Manchmal ist sogar der Zeitpunkt zu benennen, an dem das Neue ins Bewusstsein tritt: Der Besuch beim Hausarzt stimmt nachdenklich. Im Großen und Ganzen sei der Gesundheitscheck positiv ausgefallen. Die leichten Schmerzen in Schultern und Ellenbogen seien eben

„degenerative Erscheinungen", die das Alter mit sich bringe. Degenerative Erscheinungen! Das klingt nach Verschleiß, nach Abbau. Und zwar unumkehrbar, unabänderlich. Medikamentöse Linderung wird in Aussicht gestellt, aufschiebende krankengymnastische Maßnahmen empfohlen. Aber der Stachel sitzt tiefer. Offensichtlich hat ein unabwendbarer körperlicher Prozess begonnen, der zunehmend Einschränkungen und Schmerzen, vielleicht einmal Siechtum und Hilflosigkeit mit sich bringen wird.

Erschreckende Vorstellungen! Bisher war man immer davon ausgegangen, dass die großen oder kleinen Wehwehchen selbstverständlich vorübergehend seien und auf irgendeine Weise beseitigt werden könnten, ohne die körperliche Gesundheit grundsätzlich infrage zu stellen. Manchmal haben wir sogar unseren kranken Körper wie ein schadhaftes Auto betrachtet, das eben repariert werden muss. Kopfweh? Kopfschmerztablette! Beinbruch? Rehabilitation! Nierensteine? Zertrümmerung! Gallensteine? Rausoperieren! Wir sind immer noch Herr über unseren Körper geworden! Und nun?

Eine für viele mindestens ebenso bedrohliche Erscheinung des Alterungsprozesses ist das Nachlassen sexueller Bedürfnisse und sexuellen Vermögens. Für viele Männer war es doch die ungebrochene sexuelle Potenz, auf die sie Selbstwert und Selbstverständnis gründeten, für viele Frauen die anziehende Wirkung, die sie auf Männer ausübten, und ihr weibliches Begehren. Ganz allgemein hat das unvermeidliche Nachlassen sexueller Impulse einen gewissen Rückgang von lustvoller Aktivität, Initiative und Kontaktfreudigkeit sowie im Gegenzug eine Tendenz zu Passivität, Initiativlosigkeit und Für-sich-Bleiben zur Folge.

Wenn auch immer wieder hervorgehoben wird, dass der körperliche Alterungsprozess keinen direkten Einfluss auf die seelische Gesundheit hat, so ist in dieser Lebensphase doch ein erheblicher psychischer Entwicklungs- und Umbauprozess nötig. Es ist freilich ein weiter Weg, die Illusion, alles mit eigener Körperkraft zu schaffen, sowie die Phantasie, Gesundheit sei machbar, aufzugeben, die eigene Hinfälligkeit nach und nach anzunehmen und für helfende Unterstützung dankbar zu werden. Es ist ein weiter Weg, die Vorstellung einer regelmäßig bereiten Potenz beiseite zu legen, zu Formen der Zärtlichkeit zu finden und die „schauenden" Dimensionen zu entdecken, die Passivität und Für-sich-Bleiben eröffnen könnten.

Mehr noch: Angefragt ist unser grundsätzliches Körperverständnis. Manche Alternde werden erst durch die unabänderlichen körperlichen Einschränkungen daran erinnert, dass sie überhaupt einen Körper haben. Das klingt ziemlich absurd. Aber ist es nicht so, dass wir über weite Strecken des Lebens unseren Körper weitgehend vergessen, wenn er nur „funktioniert"? Vielleicht waren wir bestenfalls hin und wieder bereit anzuerkennen, dass wir einen Körper „bewohnen", als könne man aus dem körperlichen Gehäuse ausziehen. Nein, unser Körper ist Teil unserer Person, unseres Selbst. Eine Erscheinungsform unseres Selbst *ist* Körper. Und wenn es an dieser Ecke bröckelt, dann werden wir immer wieder auf unsere Person im Ganzen aufmerksam gemacht. Wird in dieser Person im Prozess des Alterns, ohne sich auf den körperlichen Teil des Selbst klagend zu fixieren, eine Umschichtung stattfinden können von körperlichen Ausdrucksformen hin zu seelischen, gemüthaften, geistigen Qualitäten? Zu einer neuen „Aktivität" des Schauens und des Seins?

***

Mit Erstaunen, zuweilen mit Erschrecken, stellen Menschen in der Lebensphase des Voralters fest, dass ihr *Gedächtnis* ab und an aussetzt: Namen, Orte, Daten, manchmal auch einzelne Wörter fallen ihnen einfach nicht mehr ein. Lehrern fällt es immer schwerer, die Namen ihrer ehemaligen Schüler zu behalten. Alternde Ehepaare geraten in Streit, ob sie nun im März oder Oktober in jener italienischen Stadt weilten, deren Name beiden entfallen ist. In Gesprächen fehlt ab und an das passende Wort, das ersetzt oder dessen Bedeutung umschrieben werden muss.

Wie mit dem Nachlassen dieser Gedächtnisleistungen umgegangen wird, gestaltet sich freilich sehr unterschiedlich. Einige werden ausgesprochen ärgerlich und geraten in ein bohrendes Nachdenken, bis ihnen der gesuchte Name, der Ort, das Datum doch letztendlich noch einfallen. Manche erfinden eigene Systeme, um den Zugriff auf das Entfallene wieder herzustellen. Sie gehen systematisch das Alphabet durch oder assoziieren an ähnlich klingenden Wörtern oder Silben entlang. Aber auch ein humorvoller Umgang lässt sich beobachten. In einem Freundeskreis von Endfünfzigern, die sich in späten Jahren noch in die Bedienung eines Computers eingearbeitet haben, ist es bei Ausfall von Gedächtnisleistungen üblich, sich in der Computersprache zu necken. So sagt der Betroffene etwa, er habe momentan „keinen Zugriff auf seine Festplatte", und die anderen raten ihm, doch diese oder jene „Datei zu öffnen" oder den „Explorer anzuklicken". Meist wird dann auf diese Weise doch noch eine zufriedenstellende Erinnerungsbasis rekonstruiert.

Warum aber geht der Ausfall von Gedächtnisleistungen mit einem bisweilen kaum nachvollziehbaren Erschrecken einher? Natürlich ist es im Gespräch hinderlich, keinen unmittelbaren Zugriff mehr auf einen der Verständigung dienenden gemeinsamen Fundus von Namen, Daten, Orten, Wörtern zu haben. Nicht nur im eigenen Gedächtnis klaffen Lücken, sondern es entstehen Löcher in der Kommunikation. Für Momente scheint der Kontakt abzubrechen. Aber das ist wohl bei weitem noch nicht alles, was schreckt. Mit Bezeichnungen für Personen, für Orte und Zeiten, für Gegenstände und Vorgänge erschließen wir uns die Welt, bringen wir sie in eine verstehbare Ordnung. Wenn die Bezeichnung einzelner Erscheinungen ausbleibt und lediglich ein diffuses Erinnerungsbild hinterlässt, dessen man nicht mehr habhaft zu werden glaubt, mag sich der leise Verdacht einschleichen, der Welt nicht mehr ganz gewachsen zu sein. Bezeichnungen sind wie Container, die Personen, Orte, Zeiten, Vorgänge zum Zwecke verstehender Aneignung „einkasteln", in fester Struktur verwahren. Bezeichnungen bannen zugleich die Angst vor einer Flut namenloser Bilder und Gefühle. Ich glaube, es ist letztlich diese Angst vor dem nicht mehr strukturierbaren Chaos, das uns bei Ausfall der Gedächtnisleistungen für Momente erfasst, Angst auch vor der Hilf- und Orientierungslosigkeit befürchteter Altersdemenz.

Indes, hat die Bezeichnung bei normaler Entwicklung wirklich *die* Bedeutung, die wir ihr gemeinhin zuschreiben? Ist sie wichtiger als das Bezeichnete? Der Rahmen wichtiger als das Bild, das Glas wichtiger als der Wein darin, das Etui wichtiger als das Schmuckstück, das in ihm verwahrt ist? Könnte es sogar sein, dass die mangelnde Fähigkeit, Bezeichnungen wiederzufinden, auch eine Chance bietet? Natürlich möchte sich sofort ungeduldiger Protest melden, wie immer dann, wenn unser Lebenstempo aufgehalten und notwendigerweise verlangsamt wird, wenn unsere schnelle Art der Weltaneignung infrage steht. Wozu aber könnte uns die

Verweigerung schneller Etikettierung anhalten? Ich vermute, wir werden zurückgeworfen auf das Bezeichnete, beispielsweise auf die Erfahrungen mit einem Menschen, dessen Name uns nicht einfällt, auf die Erlebnisse in jenem Badeort, den wir nicht mehr benennen können, mit seiner Strandpromenade, seinen Hotels, Altstadtgassen, Restaurants. Das Ausbleiben des schnellen Kürzels könnte uns zu dem zurückführen, was uns an Erfahrungen mit dem Bezeichneten verlorenging. So gewendet, lockert der Verlust von Bezeichnungen die Unmittelbarkeit zu einer Welt, die wir mittels Bezeichnungen verstanden zu haben meinten. Noch einmal scheint so etwas auf wie der Reichtum des Unbegriffenen, aus dem wir uns ja immer nur mit Hilfe von Begriffen ein Segment herausschneiden und nun vorgeben, das Ganze eingefangen zu haben. Streng genommen ist es gar nicht wichtig, wann wir mit wem an welchem Ort waren, sondern allein, was wir zu irgendeiner Zeit mit irgendeiner Person an irgendeinem Ort vom Leben entdeckt haben. So ängstigend es sein mag: Vielleicht beginnt ja eine Ahnung vom Leben erst, wenn die Namen untergehen.

***

Lebte man in den Vierzigern im *Beruf* leistungsmäßig sozusagen auf einem Hochplateau, so stellen sich im Verlauf der Fünfziger oftmals berufliche Anpassungsschwierigkeiten ein. Auslösend ist vermutlich die Befürchtung, leistungsmäßig nicht mehr ganz den Anforderungen gewachsen zu sein und an Ansehen Einbuße zu erleiden. Lievegoed, niederländischer Psychologe und Supervisor für verschiedene Berufsgruppen, beschreibt die Situation folgendermaßen: „Der Mensch stürzt sich dann immer mehr in seine

Arbeit. Jeder begabte jüngere Mensch in der expansiven Phase seines Lebens wird als Bedrohung empfunden. Immer öfter meint man, man müsse auf seinen Rechten bestehen, das heißt: man klammert sich an seine nominelle Position. Neues kann nicht verarbeitet werden, die eigene Vergangenheit und die eigene Lebenserfahrung werden idealisiert."[9] Wie diese eher tragische Entwicklung enden kann, zeigt Lievegoed an einem Beispiel: „In einer Verwaltungsorganisation saß ein Abteilungsleiter von Mitte Fünfzig, der sich angewöhnt hatte, jeden Morgen 10 Minuten vor Dienstbeginn zu kommen, sich mit der Uhr in der Hand hinzusetzen und jedesmal beim Eintritt eines Untergebenen aufzublicken. Nur am Montagmorgen kam er 10 Minuten nach Dienstbeginn, holte einen dicken Stapel Akten aus der Tasche, knallte sie auf seinen Schreibtisch und seufzte: ‚Sie, meine Herren, können natürlich zu Hause ein ruhiges Wochenende verbringen. Wenn ich hier nicht die Arbeit erledigen würde, würde sie nie getan werden.' Jeder senkte den Kopf und murmelte: ‚Jawohl, Herr Müller', aber hinter seinem Rücken tippte man sich bedeutungsvoll an die Stirn."[10]

Demgegenüber lassen sich allerdings auch positive Entwicklungen beobachten. Die fünfziger Jahre können zunehmend eine Art Befreiung bringen, Abstand zu den kleinen, alltäglichen Problemen und Weitung des Horizonts. Größere, bisweilen existenzielle Zusammenhänge werden sichtbar. Die eigenen Lebenserfahrungen lassen sich mehr und mehr überschauen, einordnen und in die Arbeit einbringen. Menschen, die diesen Entwicklungsweg gehen, können womöglich sogar einen „gütigen" Führungsstil ausprägen oder im Bildungsbereich für junge Menschen hohe Bedeutung erlangen.[11]

***

Massiver Personalabbau in Betrieben und Verwaltungen hat in den letzten Jahren dazu geführt, dass viele Mitarbeiterinnen und Mitarbeiter zwischen 55 und 60 Jahren in den *Vorruhestand* versetzt wurden. Der neue Status eines beruflich Freigesetzten gestaltet sich nicht selten krisenhaft. Der plötzliche Abschied aus dem Arbeitsleben ist keineswegs leicht zu verarbeiten. Wer sich weitgehend über den Beruf definierte, steht plötzlich ziemlich nackt da. Er kann in dieser Situation nicht ohne weiteres angeben, wer er ohne Arbeit eigentlich ist. Aber auch jenen, die ein lockereres Verhältnis zu ihrer Arbeit hatten, fehlen der beruflich vorstrukturierte Tagesablauf, die täglichen Herausforderungen, die Kollegen. Die Zeit dehnt sich. Nichts ist mehr wie sonst.

Nach Verarbeitung der durch die Versetzung in den Vorruhestand verursachten Kränkungen stellt sich allerdings heraus, dass die grundsätzlich zu beantwortenden Fragen die gesamte Lebensphase betreffen, nur eben Knall auf Fall den Vorruheständler erreichen. Drängender als bei einer „normalen" beruflichen Entwicklung und dem Ruhestand mit 65 taucht die Frage auf: Was will ich noch aus meinem Leben machen? Welche meiner Fähigkeiten, die vielleicht während der Berufstätigkeit in den Hintergrund geraten waren, nehme ich wieder auf? Was möchte ich noch in Angriff nehmen, zu Ende führen, bleiben lassen? Und in all diesen Fragen pocht das „Noch". Es sagt: Die längste Zeit des Lebens, einschließlich des Berufslebens, ist vorbei. Doch du hast noch eine Zeit vor dir, eine freilich begrenzte, kürzere. Mit einmal taucht die Sinnfrage auf: Was hat noch Sinn? Was lohnt noch? Diese kleine Zeit ist zu schade, um sie zu verplempern. Eigentlich ist sie ja ein kostbares Geschenk. Aber was mache ich bloß daraus?

ICH. Das ist der neue Grundton. Es geht um mich. Ich habe es in der Hand, diese begrenzte Zukunft zu gestalten. Aber wer bin ich eigentlich? Wie bin ich zu dem Menschen geworden, der jetzt an der Schwelle zu einem neuen Lebensabschnitt steht? Mit welchen Fähigkeiten wurde ich begabt, mit welchen Begrenzungen muss ich rechnen? Welche Menschen habe ich in meiner Nähe nötig, welche aber auch nicht mehr? Was brauche ich noch, auf was will ich verzichten? Was möchte ich halten, was loslassen? Was gibt mir überhaupt den „Mut zum Sein"? Fragen über Fragen, Fragen an die eigene Person, die der Vorruhestand überraschend, die Lebensphase im ganzen aber ohnehin stellt.

Von einigen Menschen, die auf diese Fragen Antworten suchten oder gaben, möchte ich erzählen: Vor drei Jahren verbrachte ich die Woche vor Weihnachten in einem Meditationszentrum. Drei weitere Männer wollten diese Woche ebenso wie ich zu vorweihnachtlicher Besinnung nutzen. Nun traf es sich, dass wir alle zwischen 56 und 60 Jahre alt waren und uns bereits im Vorruhestand oder kurz davor befanden. Obwohl wir verabredungsgemäß nur während der Mahlzeiten miteinander sprachen, gewann ich doch recht bald einen Eindruck von dem, was jeden an der Schwelle zu seinem neuen Lebensabschnitt beschäftigte. Allen gemeinsam war eine Wendung nach innen, hin zum eigenen Selbst, und der Wunsch, auf einem meditativen Weg mehr Klarheit über die eigene Person und Wegweisung zu erlangen. Uwe, gerade noch im mittleren Management einer Pharmazeutikfirma tätig, litt unter seiner Unruhe, Schnelllebigkeit und Zerrissenheit. Er war auf der Suche nach einem inneren Kern, nach einem Integral. Ihm war bewusst, dass er so, wie er war, zwar im Beruf einigermaßen funktionieren konnte, aber wohl nicht mehr im Ruhestand befriedigend leben. Etwas Stabiles, Verlässliches, Dauerndes in ihm selber, eine neue Lebenstiefe, einen inneren Grund wünschte er sich. – Paul, früher bei einer Versicherung tätig, beschäftigte sich, wie offenbar schon öfters in seinem Leben, mit der inneren Klärung einer Beziehung. Dies tat er, seine Lebensgeschichte aufnehmend, in so grundsätzlicher Weise, dass auch seine Kommunikationsfähigkeit für den Rest seiner Jahre Thema wurde. Werde ich mich damit abfinden müssen, alleine zu leben? Er spielte mit dem Gedanken, eine Therapie zu beginnen, um Bilanz zu ziehen und mit dem, was unter dem Strich bleiben würde, leben zu lernen. – Otto war auf einem spirituellen Wege, ein Gottsucher. Nie in seinem Leben religiös gebunden, hatte sich der Wunsch, sich dem Religiösen zu nähern, erst in den letzten Jahren entwickelt. „Das kann doch nicht alles gewesen sein, auf was ich mein Leben bisher gründete", schien ihm eine innere Stimme zu sagen. Und in der Tat wirkte er so, als habe er nicht allzu viel in seinem Leben ausgelassen. Aber nun war ein anderer Ton in seinem Inneren angeklungen, dem er folgte.

So weit Wege nach innen. Andere Vorruheständler ziehen nach einer Zeit der Irritation praktische, jedenfalls auf den ersten Blick nach außen gewendete Konsequenzen: Herr S., Betriebshandwerker, wird schon mit 52 Jahren in den Vorruhestand geschickt. Er beginnt sein „neues Leben" mit dem Kauf eines Wohnwagens und geht auf Reisen. Erstmal weg! Seine erste Reise führt ihn, sicher nicht zufällig, nach Polen, in das Land seiner Vorväter. Für eventuelle Pannen nimmt er reichlich Werkzeug mit, das er allerdings weniger für sich als für Hilfeleistungen einsetzt. Viele neue, herzliche Bekanntschaften kommen zustande. Darüber hinaus entsteht, was Herr S. als seinen „neuen Beruf" bezeichnet: seine kleine Firma auf Rädern, die komplizierte Reparaturen durchführt, für die man Handwerker gar nicht mehr findet. Und er freut sich, auf diese Weise in Polen hier und da Spuren seiner Familie gefunden zu haben.[12]

***

Mit dem Ende der Berufstätigkeit dünnt das *Beziehungsnetz* schlagartig aus. Zum Alltag gehörte ganz wesentlich die Zusammenarbeit und das Gespräch mit den Kolleginnen und Kollegen. Man fühlte sich eingebunden in Planung und Durchführung der zu erledigenden Aufgaben, plauderte aber auch über Urlaubserlebnisse, Begegnungen, Beziehungen und zuweilen auch über persönliche Krisen. Man braucht nur einmal einen Pendlerzug zu benutzen, der abends Arbeitnehmer aus einer großen Stadt in die Städte und Dörfer des weiteren Umlands bringt. Meist sind Arbeitskollegen bereits auf einen bestimmten Wagen „abonniert". Kaum hat man Platz genommen, beginnt ein Plaudern über Veränderungen im Betrieb, über Kollegen und Vorgesetzte, über Ausbildungsgänge und Aufstiegschancen. Dann aber, etwa auf der Mitte der Strecke zum Heimatort, bleibt der Betrieb zurück, das Heimatdorf wird Thema, das Vereinsleben, die Kirmes, der Garten. Und schließlich geht es auch um die Familie, die Kinder, die ältere Generation, die Todesfälle. Man kann kaum ermessen, was verloren geht, wenn mit dem Berufsende dieses umfangreiche Netz des Austauschs entfällt. Hier und da werden Kontakte fortgesetzt werden, aber die betriebliche Welt und der Alltag des Ruheständlers klaffen auf die Dauer dann doch allzu weit auseinander, als dass ein gegenseitiges Interesse erhalten bliebe. Damit ist nicht nur die Erfahrungswelt für den Ruheständler verkleinert, sondern vor allem auch ein bergendes Beziehungsnetz, das es erlaubte, das eigene Alltagserleben sozusagen täglich „durchzuarbeiten". Dieses berufsgebundene Beziehungsnetz in der Lebensphase des Voralters noch einmal durch ein anderes zu ersetzen, gelingt in der Regel nur in Ansätzen. Es wird in der Mehrzahl der Fälle ein erhebliches Defizit übrig bleiben, und zunächst oft auch eine kommunikative Überlastung von Personen des nahen Umfelds.

Zum nahen Umfeld gehört in erster Linie die Familie. Sie ist im Voralter bedeutsamen Veränderungen unterworfen. In der Regel gehen die Kinder „aus dem Haus" oder sind bereits „ausgeflogen". Die Ehepartner, die sich in der Erziehung der Kinder und in der Fürsorge für sie verbunden fühlten, bleiben allein zurück. Oftmals stellt sich jetzt erst heraus, dass die Kinder in erheblichem Maße einen verbindenden Beziehungsanteil darstellten, der, wenn er ausbleibt, das Ehepaar zunächst ratlos zurücklässt. Haben sie noch etwas voneinander? Gelingt eine neue gemeinsame Lebensgestaltung? Gibt es überhaupt noch verbindende Themen? Verstärkt wird die Irritation häufig durch einen Vorruhestand. Die zeitweise Labilität des Vorruheständlers und die Ratlosigkeit des „kinderlos zurückgebliebenen" Ehepaares können zusammen bisweilen eine krisenhafte Situation mit sich bringen: Alltag und Beziehung sind neu zu regeln. Es ist nicht einfach, diese krisenhafte Verunsicherung auch als Chance zu begreifen, noch einmal – gemeinsam oder allein – neue Wege auszuprobieren, sich neuen Menschen zuzuwenden, neue Interessensgebiete zu betreten oder mit innerer Freude auch ganz Altes wieder „auszugraben" und dem Lebensalter gemäß kreativ zu wenden. Manchmal werden Enkel geboren und die neue Rolle, nun Großeltern zu sein, ist zu lernen, ohne den Zuwachs an Freiheit, den aus dem Hause gehende Kinder ja auch gewähren, gleich wieder zu verspielen.

In der Lebensphase des Voralters tritt aber noch eine andere, vielleicht sogar fundamentaler berührende Dimension der Ausdünnung des Beziehungsnetzes hinzu: Kürzlich fand sich in meiner Post eine Todesanzeige. Heinz B., der Schulkamerad, unerwartet entschlafen. Heinz ist nun schon der dritte von sechzehn in der Abiturklasse, der wegging. Klaus wählte den Freitod, Willi starb an Krebs. Und nun Heinz. Das Häuflein schrumpft. – Die meisten werden in dieser Lebensphase Ähnliches erleben. Vielleicht sind es Vater oder Mutter, die von dieser Welt gehen, vielleicht gute Freunde, Bekannte, Nachbarn, zuweilen auch Ehepartner. Das Beziehungsnetz reißt an manchen Stellen unheilbar. Lücken klaffen, die nicht mehr ohne weiteres geschlossen werden können. All das, was ich gestern noch, gedankenlos plaudernd, mit einem von diesen Weggegangenen austauschen konnte, muss ich nun erst einmal für mich behalten. Oder ich trete ein in einen inneren Dialog mit den Toten. Es wird kühler. Zeitweise stellen sich Gefühle von Verlassenheit und Alleinsein ein, bisweilen auch Wut, verlassen worden zu sein.

Wie unterschiedlich der Tod Nahestehender in verschiedenen Lebensphasen erlebt wird, zeigt der Bericht eines Freundes, eines Endfünfzigers, der sinngemäß etwa lautete: „Als mein Vater starb, war ich Ende vierzig. Mehr denn je fühlte ich mich als ein Mitglied der nachfolgenden Generation, die nun die Verantwortung für unser Zusammenleben übernehmen muss. Ich fühlte mich sogar ermuntert, in meinem Beruf das Heft fest in die Hand zu nehmen, eine Führungsposition anzustreben, zukunftsweisende Projekte durchzuführen und konzeptionell abzusichern. Nun aber, nachdem meine Freunde und Arbeitskollegen Norbert und Peter gestorben sind, wie ein wenig früher schon Walter, fühle ich mich, jetzt Ende 50, ‚flügellahm'. Menschen, die mir wichtig waren, stehen nicht mehr an meiner Seite, sind aus meiner Generation weggebrochen. Es ist stiller um mich geworden, und ich denke darüber nach, was nun meine Lebensaufgabe ist."

Dass auch das Sterben von „Orten" ähnlich erlebt werden kann, überraschte mich. Ein anderer Freund, Anfang sechzig, schrieb mir neulich: „Stell Dir vor, das Hotel Bachmeier gibt es nicht mehr. Immer wenn ich nach München kam, habe ich dort übernachtet. Die stilvolle Einrichtung, die warmherzige Pensionswirtin, das ruhige Frühstück im Wintergarten: All das soll es auf einmal nicht mehr geben? Als ich am Telefon ‚Kein Anschluss unter dieser Nummer' hörte, rief ich sofort das Fremdenverkehrsbüro an. Die trockene Auskunft: ‚Das Hotel Bachmeier gibt es nicht mehr'. So geht es mit vielem, was mir lieb geworden war: Das kleine Lebensmittelgeschäft in der Josefstraße ist aufgegeben, das alte Stadtbad abgerissen ... Nichts bleibt!"

Nichts bleibt. Die Vergänglichkeit ist Thema, auch die eigene. Vertraute Menschen und Orte sterben, hinterlassen im Alltag Lücken. Erinnerungen an Vergangenes türmen sich zu Halden. Das Innere gewinnt gegenüber dem Außen an Bedeutung. Und das eigene Selbst, in dem alles verwahrt ist.

Kränkung und Umformung

Blicken wir auf die kurz umrissenen Veränderungen in den Bereichen des Körpers, des Gedächtnisses, des zu Ende gehenden Berufslebens und des gesamten Beziehungsnetzes zurück, so stellt das beginnende Altern, etwas provozierend formuliert, doch eine einzige Kränkung dar. Der Körper baut unumkehrbar ab, das Nachlassen des sexuellen Antriebs lähmt Lust, Initiative und Kontakt. Das Gedächtnis hakt aus, die durch Benennungen gestiftete Ordnung ist bedroht. Nach beruflichen Höhepunkten folgt nun der Leistungsabstieg. Und der Vorruhestand zeigt deutlich, dass man nicht mehr gebraucht wird. Schließlich dünnt das Beziehungsnetz aus: Der Kollegenkreis entfällt, die Familie schrumpft, Freunde und vertraute Orte sterben weg und lassen einen ziemlich allein zurück. Was ist das Leben denn noch wert? Wer die Fakten so einseitig wertet, biegt ein in eine Zielgrade, die, anstatt den Siegeskranz zu versprechen, in unaufhörlicher Klage und Anklage, in Verbitterung und innerer Dunkelheit endet.

Wir müssen schon genauer hinschauen, um auch die Chancen wahrzunehmen, die die genannten Veränderungen nahelegen. Das beginnende Altern ist ein markanter Wendepunkt, an dem sich entscheidet, ob die letzten Lebensphasen in Verbitterung enden oder schöpferisch genutzt werden können, ob endgültiger Lebensverdruss sich einstellt oder eine nochmalige vertiefende Bereicherung. Es geht allerdings nicht darum, über die Kränkungen hinwegzugehen, als seien sie halb so schlimm. Nein, sie *sind* schlimm, bringen körperliche und seelische Schmerzen, bisweilen auch langes Leid. Nur jenseits der Kränkungen, durch die wir wirklich hindurchgehen, wartet eine Vertiefung des Lebens auf uns.

Den schärfsten Widerspruch, Altern auch als Chance zu begreifen, formuliert J. Améry in seinem Buch „Über das Altern". Bereits im Vorwort heißt es: „Was da immer dem Alternden empfohlen wird, wie er sich mit dem Niedergang abfinden, ja diesem allenfalls sogar Werte abgewinnen könne – Adel der Resignation, Abendweisheit, späte Befriedung –, es stand vor mir als niederträchtige Düperie, gegen die zu protestieren ich mir mit jeder Zeile aufgeben musste."[13] Und so gerät sein Buch auch zu einer unerbittlichen Beschreibung des „Niedergangs". Altern bedeutet für Améry ausschließlich Entfremdung: von der Welt, von anderen Menschen, von sich selber, von allem. Wenn auch das Unentrinnbare und Skandalöse, alt zu werden, akzeptiert werden müsse, die Würde des Alterns liege allein in der Rebellion, wissend, dass man unterliegen wird, und in der Resignation, die eine Art und Weise darstellt, mit dem Sterben zu leben. Es gibt sicher kein anderes Buch, das Altern so schmerzhaft seziert.

Indes, ohne leichtfertig mit Amérys Analysen umzugehen oder ihnen ausweichen zu wollen, komme ich doch zu anderen Ergebnissen. Gerne nehme ich die Mahnung auf, Altern nicht als beinahe von allein sich einstellenden Eintritt in einen Zustand des Abendfriedens ansehen zu dürfen. Eine solche verklärende Sicht würde in der Tat die Seite des unentrinnbaren Verfalls und des wachsenden Fremdwerdens vernachlässigen, zudem auch die tatsächlich Chancenlosen entwürdigen. Aber ich kann letztlich keinen Sinn darin sehen, auf Dauer gegen etwas zu rebellieren, dem wir nicht entrinnen können. Man verbeißt sich kräftezehrend in etwas, was sein muss. Hinwelken und Sterben ist in meiner Sicht kein Skandal. Skandalös ist vielmehr für mich, wenn jemand sterben muss, weil er arm ist oder in kriegerischen Auseinandersetzungen sein Leben lässt. Ansonsten liegt mir nahe, zu dem Versuch zu stehen, das Unentrinnbare, wenn irgend möglich, anzunehmen, ja diese Annahme als Voraussetzung einer bereichernden Entwicklung anzusehen. Oder mit den Worten R. Guardinis: „Anzunehmen, was ist, war immer der Ausgangspunkt, um daraus machen zu können, was sein soll." Wenn man der „Annahme des Endens" weder verfalle, noch es gleichgültig oder zynisch entwerte, realisiere sich „eine Gruppe sehr nobler und für das Ganze des Lebens wichtiger Haltungen und Werte: Einsicht, Mut, Gelassenheit, Selbstachtung, Aufrechterhaltung des gelebten Lebens, des geschaffenen Werkes, des verwirklichten Daseinssinnes … Besonders wichtig: die Überwindung des Neides gegen die Jungen … des Ressentiments gegen das geschichtlich Neue … der Schadenfreude über die Mängel und das Misslingen des Aktuellen …"[14]

Freilich stellt sich diese „Annahme des Endens" nicht leicht ein. Jede neu aufkommende Einschränkung, jede neue Kränkung muss, ohne sie aus dem Bewusstsein zu drängen oder sie zu überspielen, wahrgenommen, in der Regel mit Trotz und Trauer beantwortet und schließlich hingenommen werden, ehe wir das Tor der Verwandlung durchschreiten können. Und auf der anderen Seite des Tores ist das, was vorher Entfremdung war, Voraussetzung eines Neubeginns. Einige dieser Umwertungen will ich benennen:

Es ist ja nicht zu übersehen, dass die Veränderungen des beginnenden Alterns die Alternden deutlich mehr als vorher auf sich selber zurückwerfen. Der Körper macht immer häufiger durch zunehmende Einschränkungen auf sich – und damit auf die ganze Person – aufmerksam. Alternde können körperlich nicht mehr so recht mithalten, auch im sexuellen Bereich. Der berufliche Leistungsabfall, gar das Ausscheiden aus dem Beruf machen randständig. Das Entfallen des kollegialen Beziehungsnetzes, die Verkleinerung der Familie, das Wegsterben von Freunden und Bekannten lassen Gefühle der Einsamkeit aufkommen. Dafür wird nun aber die Kontur der eigenen Person deutlicher, die Wendung zum Selbst unausweichlich. Umformung hieße, sich selbst nunmehr ernsthaft als Thema und die eigene Reifung als Aufgabe zu begreifen. Das mag damit beginnen, durch die Verlangsamung der körperlichen Abläufe genötigt, zu höherer Achtsamkeit zu gelangen; in partnerschaftlichen Begegnungen mehr denn je den zärtlichen Ton zu genießen; anstatt sich die Welt in Kürzeln anzueignen, die Erfahrungen zu rekonstruieren; gegen Leistungsabfall im Beruf souveränen Abstand, Weite des Horizonts, eigene Lebenserfahrungen und gesteigerte Einfühlsamkeit einzubringen; freigesetzt vom Beruf, einen selbstgesteuerten Umgang mit der Zeit zu üben, sich den eigenen Möglichkeiten entsprechend in einem ausgewählten Bereich praktisch einzumischen und sich schließlich zu überlegen, wie denn die begrenzte Lebenszeit nun noch genutzt werden solle.

Meist reichen diese Umformungen im Übungsfeld des Alltags jedoch nicht aus. Gesucht wird dann eine grundlegendere Selbstvergewisserung. Nicht selten führt dies dazu, sich mit forschendem Interesse der eigenen Lebensgeschichte zuzuwenden, eine Lebensbilanz zu ziehen, Erfahrungen einzuordnen, familiäre oder geistige Zugehörigkeiten zu klären, grundlegende Lebensmuster wahrzunehmen, den Reichtum an Glück und Schmerz des eigenen Lebens zu bergen, festzustellen: Das war mein Leben, das bin ICH.

Auf die eigene Person, gar den „inneren Menschen" zurückverwiesen zu sein, ist u. a. Folge davon, dass Alternden Äußeres genommen wird. Wie in einem Maskenspiel wird eine Maske nach der anderen abgelegt: die Maske eines Menschen im Zenit des Lebens, die Maske des Kompetenten im Beruf, die Maske des Familienmenschen, die Masken des Kollegen, des Freundes. Der Verlust der Masken kommt einer mehrfachen Häutung gleich. Aber das einstige Maskenspiel ist keineswegs verloren. Es hat sich umgeformt in einen inneren Besitz, der erinnernd aufgerufen werden kann, der nunmehr eine Art Basiswissen für den Rest des Lebens darstellt – und zuweilen auch wärmt, wenn es kühler wird, und tröstet, wenn Mutlosigkeit Überhand zu nehmen droht.

Der Weitung in den Innenraum entspricht eine Art Entgrenzung der Person über sich selbst hinaus. Der kränkende Zustand, herausgefallen zu sein aus dem Kreis der Fitten, Merkfähigen, Leistungsstarken, Berufskompetenten, Vernetzten, lässt, produktiv umgeformt, zugleich die Chancen des Abstands spüren: den Abstand zum alltäglichen Kleinkram im Beruf, den Abstand zu den „Spitzenleistungen", den Abstand zu „small-talk" und „social-emotial". Der Abstand befreit dazu, größere Zusammenhänge sehen, jenseits des eigenen Milieus Erfahrungen machen und weitere Horizonte entdecken zu dürfen. Es mag sogar sein, dass sich die *Art* der Beziehungen umformt: dass Einfühlung und Mitleid Raum gewinnen, sich die Nächsten- zur Fernstenliebe erweitert und sich eine Beziehung zum Kreatürlichen herstellt, zu Tieren und Blumen, zum Wasser und zum Stein. Vielleicht blüht im Innern auch eine Beziehung zu veraltet geglaubten Symbolwelten wieder auf, aus deren unendlicher Distanz zur Welt nun eine vertiefte Sicht auf eben diese gelingt.

Selbstvergewisserung, Verinnerlichung, Entgrenzung. Das sind, so scheint mir, die in den folgenden Kapiteln zu entfaltenden Chancen, die sich aus aktiver Umformung der kränkenden Krise des Alterns ergeben. Alternde müssen, wollen sie mit Gewinn alt werden, durch dieses Tor der Verwandlung gehen, die Zeit der Leistung und des Tuns zurücklassen und in eine Zeit der Reifung und des Seins eintreten.

2. Kapitel

Aneignung der Lebensgeschichte

Mit zunehmendem Alter wird die eigene Lebensgeschichte mehr und mehr zum Thema, die ruhig dahingegangenen oder turbulenten Jahrzehnte, besonders aber die Jahre, die Spuren hinterlassen haben. Dieses Kapitel widmet sich zunächst einer biographischen Gesamtschau im Sinne eines *Lebenspanoramas*, dann aber auch den *geschichtlichen Spuren* in der Lebensgeschichte, dem Aufsuchen und Verabschieden *wichtiger Orte des Lebens*, der Distanzierung von der manchmal schmerzhaften, oft noch quälend nahen Lebensgeschichte durch *Einordnung in die „menschliche Komödie"*, der Verwandlung bislang zentraler *Wünsche in Sinnbilder* und schließlich der *fälligen Verabschiedung* von dem, was nicht mehr sein wird.

Lebenspanorama

Ich sitze im Zug nach F., um dort meinen Rentenantrag abzugeben. Wie zufällig erblicke ich im Vorbeifahren jenes kleine Städtchen, in dem ich als Kind und Jugendlicher lebte. „Hier bin ich doch gerade erst zur Schule gegangen", denke ich, „und nun fahre ich mit dem Zug vorbei, meinen Rentenantrag in der Tasche!"

In der Phase beginnenden Alters stellen sich immer häufiger solche Momente ein, die einen sagen lassen: Wie schnell doch das Leben vergeht! Was war da eigentlich alles zwischen Schule und Rentenalter? Bilder drängen sich ins Bewusstsein von Städten, in denen man gelebt, von Menschen, die man geliebt hat. Stationen der Berufstätigkeit kommen in Erinnerung, der eigene Werdegang, Ziele, für die man sich einsetzte: Das Lebenspanorama entrollt sich. Man schaut ein Fotoalbum an, trifft Klassenkameraden: Das Lebenspanorama wird zurückgespult. Man geht auf Reisen, schlendert durch vertraute Straßen: Das Lebenspanorama weckt Gefühle. Immer vollständiger breitet sich eine weite und bewegte Lebenslandschaft vor uns aus.

Schließlich haftet der innere Blick des Alternden an seiner eigenen Person: Meine Güte, wie ich damals aussah als zu klein geratener Konfirmand im geliehenen Anzug und mit Nickelbrille; als Student im Luderlook, nachdem ich alle Anzüge und vor allen Dingen Krawatten aus dem Kleiderschrank verbannt hatte; als um Seriosität bemühter Lehrer vor seinen ersten Schulklassen; als allzu schüchterner Streiter in unzähligen Gremien – inzwischen wieder mit Jacke; als Lässigkeit vorspielender Mann im Straßencafé mit Freundin; als Chef am Schreibtisch, nunmehr mit dunkler Hornbrille; als älterer Wanderer im Kreta-Urlaub, wo es mit dem Sohn Streit wegen seiner Berufswahl gab ...

Solche oder ähnliche Assoziationen durchziehen das Bewusstsein des Alternden von Zeit zu Zeit. Und er kann gar nicht glauben, dass es immer derselbe Mensch ist, der in all diesen erinnerten Szenen auftritt. Was ist der rote Faden in allem? Gibt es etwas, so mag er fragen, was unverwechselbar von Anfang an und in den Lebensphasen unterschiedlich akzentuiert, zutiefst zu mir gehört? Welche Lebensmuster, welche Wünsche, welche Ängste sind unverkennbar die meinigen? Welche sich modifizierenden Ideale haben mich begleitet? Für was habe ich gelebt?

An Stammtisch und Tresen hört man oft jene röhrenden Stimmen, die behaupten: „Ich war immer schon ein Mensch, der ...!" Die Sprechenden kommen dabei meist auffallend gut weg. Die eigene Selbsteinschätzung *coram publico*, das Selbstbild, das zum Besten gegeben wird, dienen deutlich der Stabilisierung, der Abgrenzung und nicht selten dem Bemühen, sich ins rechte Licht zu rücken. Oft möchte ich fragen, ob es denn wirklich immer so war oder was an Gegenteiligem die schnelle Selbstdefinition zudeckt. Jedenfalls kann diese Art der Selbstfeststellung nicht diejenige sein, die Alternden angemessen ist. Sie haben den Vorteil, nicht mehr allzu vielen Menschen beweisen zu müssen, welch toller Hecht, welch fabelhafte Frau sie noch sind. Die Selbstbeobachtung wird unendlich viel differenzierter ausfallen können. Es lohnt einfach nicht mehr, sich selber davonzulaufen. Gewinnbringend ist allein die Wahrnehmung möglichst vieler, im Lebenspanorama zutage tretender Seiten der eigenen Person: die starken und die schwachen, die furchtlosen und die ängstlichen, die warmherzigen und die kalten, das gelungene und all das peinliche Verhalten, das man schamvoll verbergen möchte.

Zu den lohnendsten Umgangsweisen der Alternden mit ihrem Lebenspanorama gehört das nun auf einmal mögliche Aufgeben von Selbstrechtfertigungen. Jeder kennt die dunklen Punkte in seinem Lebenspanorama, über die er in der Regel geflissentlich hinwegsieht oder für die er die zweifelhaftesten Entschuldigungen über Jahre aufrechterhalten hat. Oft sind die aus eigener Schuld misslungenen Situationen in der Realität gar nicht mehr regelbar. Ein solcher Versuch würde eher Befremden auslösen. Aber sie nagen an der eigenen Seele. Wenn auch nicht leichten Herzens, so doch in milder Zwiesprache mit sich selbst können Alternde nun sagen: „Das war nichts! Es gab keinen Grund, diesen oder jenen Menschen abzuweisen, zu verurteilen, zu hintergehen, zu verletzen. Was waren, sei ehrlich, die wahren Motive, dies doch zu tun?" Schuldfähigkeit heißt nicht unbedingt, sich wie ein elender Wurm zu krümmen, sondern zu den wahren Gründen des Handelns vorzustoßen und dabei oftmals eine eigene tiefe Bedürftigkeit wiederzufinden, die jetzt vielleicht bejaht und ins Selbstbild aufgenommen werden kann. Im Naikan, einer spirituellen Selbsterfahrungsmethode, ist es üblich, die wichtigsten Bezugspersonen aus dem Lebenspanorama vor dem inneren Auge erscheinen zu lassen und zu fragen: „Was bin ich ihnen schuldig geblieben?" Dies, scheint mir, ist ein sehr weiser Weg, sich von gebetsmühlenhaft wiederholten Schuldzuweisungen zu befreien und sich eigenem schuldhaften Verhalten im Sinne dessen, was man schuldig geblieben ist, verheißungsvoll zuzuwenden. Und wenn dann tatsächlich Tränen fließen sollten, dann ja nicht, weil man, ach, so ein schlechter Mensch ist, sondern aus der Erkenntnis des Schönen und Gelungenen, für das man ein Hindernis war, nach dem man sich gleichwohl so sehr gesehnt hat.

Das Lebenspanorama verlangt nach Komplettierung, weniger im Sinne der Ergänzung von Daten und Fakten, sondern eines vertieften Verstehens der eigenen Person. Was sagt dieses oder jenes, an das ich mich erinnere, über mich? Wer bin ich in der Tiefe meiner Seele wirklich? Und schließlich gibt es noch einen weiteren Schritt: Das Selbstverständnis kann eine Tiefe erreichen, in der der Alternde sich begreifen lernt als stellvertretendes Exemplar Mensch, das die existenziellen Schicksale des Werdens und Vergehens in geschichtlich geprägter Weise durchlebt hat und noch durchlebt. Ein solches Selbstverständnis übersteigt bei weitem die eigene Person und gewährt Teilhabe an einem Überindividuellen, das sich im je einzelnen Leben ausspricht und vernommen werden will.

„Wir alle sind Museumsstücke"

So lautet ein Satz aus einem Roman von Dubravka Ugresic.[15] In einem Interview gibt die Autorin Erläuterungen: „Wir alle haben große Umwälzungen erlebt, den Zusammenbruch der Blöcke und Systeme, den Mauerfall, die Abschaffung des Eisernen Vorhangs, das Verschwinden eines Landes – in diesem Falle Jugoslawiens –, aber die Menschen leben weiter so, als wären sie sich dieser Veränderungen nicht bewusst. Sie begreifen nicht, dass sie über Nacht zu Museumsstücken geworden sind ... Jeder, der einigermaßen Verstand und Herz hat, müsste diese einzigartigen, kostbaren, wenn auch schmerzlichen und traumatischen Erfahrungen artikulieren."[16]

Die – 1998 – sechzigjährigen Deutschen wären eigentlich zu den Prachtexemplaren eines zeitgeschichtlichen Museums zu zählen. Was hat sich nicht alles seit 1938 in Mitteleuropa, einbezogen in einen weltpolitischen Zusammenhang, ereignet! Und wie sind die meisten dieser sechzigjährigen „Museumsstücke" von diesen Ereignissen durchgerüttelt worden! Das Lebenspanorama wäre ganz unvollständig, schlösse man die individuellen Folgen der schier unglaublichen politischen Rahmenereignisse nicht mit ein.

Diese Sechzigjährigen haben als Kleinkinder noch den Ausbruch des Zweiten Weltkriegs miterlebt. Manche hat schon in diesem zarten Alter der Krieg erreicht: Sie müssen z. B. aus bedrohten Städten evakuiert werden. Die Kriegszeit verändert die Familien grundlegend: Die Väter werden Soldaten, Mitglieder in Nazi-Organisationen; die Mütter müssen alleine zurechtkommen; die Kinder werden als Pimpfe rekrutiert. Und in den Straßen grölen marschierende Soldaten jene unsäglichen Lieder. Die Stille der Dörfer zersägt das Rasseln der Panzerketten.

Zusammenbruch. Dreiteilung Deutschlands, Flüchtlingsströme. Im Westen Wiederaufbau, Währungsreform, neue Arrangements in den Familien, die bescheiden-bigotten „Golden Fifties", Nierentisch und Tütenlampen. Im Osten der Versuch, einen sozialistischen Staat zu errichten. Jenseits der Oder nach Vertreibung der Deutschen Besiedlung durch Polen, die meist ebenfalls aus dem ehemaligen Ostpolen vertrieben waren. Westintegration des deutschen Westens, Ostintegration des deutschen Ostens. Politisch-militärische Blöcke. Kalter Krieg, Spaltung Europas.

Allmählich einsetzende Versuche, das Undenkbare zu denken: die Verbrechen der Nationalsozialisten, den Holocaust. Diese Sechzigjährigen bewegt zutiefst die eventuelle Verstrickung der Eltern. Und denen, die sich dem Grauen wirklich stellen, bricht eine bildungsbürgerliche Welt zusammen. Kein Gedicht mehr nach Auschwitz!

Einigung Westeuropas. Versöhnung der „Erzfeinde". Boomende Wirtschaft im Westen Deutschlands. Gastarbeiter werden rekrutiert. Demokratische Reformen in wesentlichen gesellschaftlichen Bereichen: Wirtschaft, Rechtswesen, Bildungswesen, Kirchen. Manche dieser Sechzigjährigen haben diesen Aufbruch als Studenten oder junge Berufstätige intensiv miterlebt, getragen, vorangetrieben, schließlich den „Marsch durch die Institutionen" angetreten.

Rezessionen. Rollback in den Reformbestrebungen. Arbeitslosigkeit. Und dann der Zusammenbruch des Ostblocks, in der Folge die schwierige Wiedervereinigung der beiden deutschen Teilstaaten. Tendenzen der Erweiterung der Europäischen Union nach Osten. Und dann doch wieder, was in Europa nach allem undenkbar schien: Krieg. Krieg auf dem Balkan. Dies nur einige, vielleicht nicht einmal sehr treffende Stichworte für jenen zeitgeschichtlichen Fluss, auf dem diese Sechzigjährigen damals irgendwo gesegelt sind, manchmal vom Strom der Ereignisse mitgerissen, vielleicht ab und an gekentert, dann wieder in ruhigeren Gewässern dümpelnd. Jedenfalls tragen alle Spuren der politisch-gesellschaftlichen Bewegungen an sich, vielleicht noch offene Wunden, mahnende Narben, Erinnerungen an ein Winkelglück. Es geht nicht an, das Lebenspanorama nur von einer quasi privaten Innenseite zu betrachten. Geboten ist, zugleich seiner individuell erfahrenen Außenseite gewahr zu werden. Ich halte immer noch viel von dem Satz des jungen K. Marx, dass der Mensch „das subjektive Dasein der gedachten und empfundenen Gesellschaft für sich" sei.[17] Aneignung der Lebensgeschichte heißt eben auch, sich selber als „Museumsstück", in dem verflossene Geschichte gegenwärtig ist, erleben zu können und grundlegende Optionen folgen zu lassen, die geschichtswirksam sind. Es wäre allzu schade, würden die einschneidenden, oft leidvollen Erfahrungen nicht ihren Niederschlag in einem wachen politischen, sozialen und kulturellen Bewusstsein finden. Um Entscheidungen in der kleinformatigen Tagespolitik sollte es dabei weniger gehen als um die großen geschichtlichen Linien. Sie zu diskutieren ist hier freilich nicht der Ort. Alternde mögen sich selber fragen, welche Optionen sie als

Personen, die sich als „Museumsstücke" erkannt haben, in ihrem Denken und Handeln folgen lassen. Was es heißen könnte, eine größere geschichtliche Linie mit individuellem Verhalten zu verschmelzen und sich auf diese Weise die eigene Lebensgeschichte in innerem Kampf anzueignen, möchte ich am Beispiel von Herrn K. zeigen, der mir kürzlich folgende Begebenheit anvertraute: Herr K. ist ein gebildeter Mann, Hochschullehrer an einer Fachhochschule im süddeutschen Raum, 62 Jahre alt. Er hatte in diesem Jahr zum wiederholten Mal den ehemaligen Bauernhof seiner Großeltern im Osten Pommerns besucht, auf dem mittlerweile natürlich Polen in der zweiten Generation leben. Wie immer wurde er herzlich und äußerst gastfreundlich aufgenommen, man plauderte, so gut es sprachlich eben ging, aß, trank und bezeugte sich gegenseitig Sympathie. Der Hausherr zeigte, wie bei den letzten Besuchen von Herrn K. auch, immer dann Unsicherheit, wenn von der hier einmal ansässigen Familie K. die Rede war, als habe er ein wenig ein schlechtes Gewissen, dass seine Familie nun hier wirtschaftete. Er zeigte gleichwohl großes Interesse am ganzen Familiengefüge der hier einmal ansässigen Familie K. und sagte dann, nun sei mit seiner Familie „ein neuer Zweig aufgepfropft" worden. Herr K. fand dieses Bild sehr schön, ja er war dankbar, dass seiner Vorväter so herzlich gedacht wurde. Er gab seiner ehrlichen Meinung Ausdruck, dass er glücklich sei, jetzt den Hausherrn und seine Familie auf dem Hofe zu sehen. Wieder zuhause, begann Herr K. sofort einen Brief, um den Gastgebern für seine freundliche Aufnahme zu danken. Da im Zuge der bevorstehenden Osterweiterung der Europäischen Union in Deutschland wieder Besitzansprüche an „von Polen verwaltetes Land" laut wurden und in Polen die entsprechenden Ängste aufkamen, alles in der

Presse beider Länder heftig diskutiert, beschloss Herr K., nunmehr von seiner Seite aus in seinem Brief die Besitzverhältnisse zu klären, um der fünf Jahrzehnte dort lebenden polnischen Familie alle Unsicherheit zu nehmen.

Aber die politische Vernunft in ihm war nur eine Seite, die Bindungen der Herkunft, die ja bekanntlich in ostdeutschen, geradezu clanartig organisierten Familien besonders stark sind, die andere. Herr K. verhedderte sich in Formulierungen. Er sei, so schrieb er zunächst, glücklich, dass sie, die polnische Familie, nun auf dem ehemaligen Hof seiner Großeltern lebe. Diese Plattheit ließ er sich allerdings selber nicht durchgehen. Als was sollten sie denn, bitteschön, dort leben? Als Verwalter? Als gönnerhaft Geduldete? Das Wort „Eigentum" musste fallen. Gleichzeitig spürte er einen so mächtigen Widerstand dagegen, der polnischen Familie den Hof als ihr Eigentum zuzusprechen, dass er den Brief zunächst ruhen ließ, um sich innere Klarheit zu verschaffen.

Und da marschierten sie dann im Innern auf, die längst Toten, die Onkel und Tanten, allen aber voran die Großmutter: „Du bist doch, neben F. und H., der Erbe unseres Hofes! Was fällt dir ein, unseren Grund und Boden verschenken zu wollen? Bewahre unser Land und erweise dich als Erbe würdig!" Einen ganzen Tag dauerte es, bis Herr K. die Kraft fand, sich unter Schmerzen von dieser ja auch geliebten Phalanx abzuwenden und seinen Erbteil am ehemaligen Hof seiner Großeltern dem „neu aufgepfropften polnischen Zweig", nicht in großer Pose, sondern eher beiläufig, zuzusprechen – „als Eigentum für immer".

Noch einmal nach ...

Manche, die im beginnenden Alter eine Lebensbilanz ziehen, belassen es nicht bei Erinnerungen. Sie begeben sich zurück an die zentralen Orte ihrer Lebensgeschichte. Orte der Kindheit und Jugend sind es zuallererst, aber auch Orte, die Wendepunkte im beruflichen wie privaten Leben markieren. Nicht zuletzt sind es Orte, an denen besonders dramatische Situationen durchlebt wurden, eine Verwundung im Krieg etwa, ein Lageraufenthalt, lebensbedrohende Fluchtereignisse. Oft werden allerdings vor allem auch die mit Sehnsucht befrachteten Orte aufgesucht: heimatliche Orte, an denen sich das Gefühl einstellt, dort hinzugehören, Orte unbekümmerter Ausgelassenheit oder stiller Geborgenheit, Orte heiterer, sommerlicher Tage ...

Die Motive solcher „Nostalgiereisen", wie sie manchmal etwas abfällig genannt werden, sind sehr unterschiedlich und häufig kaum bewusst. Untergründig leiten sicher Wünsche nach Aneignung, Komplettierung, Gründung, manchmal auch Revision des eigenen Lebensverlaufs. Meist ist eine solche Reise sehr bewegend und stellt in der Regel eine beträchtliche Herausforderung dar, sich selbst an wichtigen Orten des Lebens wieder zu begegnen und diese Begegnung auch auszuhalten.

Einige Motive möchte ich genauer beschreiben. Manchen, die sich auf ihr Alter zubewegen und wissen, dass sie die längste Zeit ihres Lebens gelebt haben, ist es wichtig, sich nunmehr in eine Familientradition, in eine Reihe mit Vorfahren zu stellen, sich an Orten der Herkunft zu gründen, sich überhaupt endgültig zu verwurzeln (back to the roots). Ich kenne Alternde, die an den Orten ihrer Herkunft in Kirchenbüchern nach Vorfahren zu stöbern beginnen, Stammbäume erstellen und sich mit innerer Freude als Blatt in seinem weitverzweigten Geäst erleben. Und andere, die sich ein Säckchen Erde „aus der Heimat" mitbringen oder Blätter von einem geliebten und vertrauten Baum der Kindheit. Das alles mag wichtig sein, um sich die stützenden Gaben der Vorfahren zuzuführen, die Vertrauen spendenden Erfahrungen auf heimatlichem Grund noch einmal dankbar zu beleben. Gleichwohl höre ich auch den Einwand Th. W. Adornos, der in aufklärerischer Pose sinngemäß sagte: „Manche kennen kein größeres Glück des Gedankens als ‚Heimat'. Ich will mich nicht verwurzeln. Ich bin doch kein Baum."[18] Diese Äußerung mahnt, nicht im „Blut- und Boden"-Gewaber unkenntlich zu werden, sondern, im Gegenteil, die Aufmerksamkeit auf die eigene Person zu lenken, die „grundlegende", stützende oder einschränkende Bedingungen hatte, zu werden, die sie wurde, und zu fragen, was sie selber daraus gemacht hat. Es geht nicht darum, sich im Blätterwald des Stammbaums zu verbergen, sich in die Heimaterde einzuwühlen, sondern, bedeckt mit Blättern und Erde, herauszutreten in das eigene Leben.

Ein zentrales Motiv, wichtige Orte im eigenen Lebensverlauf wieder aufzusuchen, ist sicherlich der Wunsch, zum inneren Wiederbeleben und nochmaligem Durchspielen bedeutender lebensgeschichtlicher Szenen angeregt zu werden. Das wird nicht ohne schmerzliche Wiederbegegnungen abgehen: „Hier hing der Riemen, mit dem der Vater uns Kinder immer bestrafte!" Oder: „Von dieser Brücke habe ich das Amulett dieser mir einst so teuren Person in den Fluss geworfen!" Aber da gibt es auch die Bank, auf der man so häufig mit vertrauten, geliebten Menschen gesessen hat, im Steinbruch den versteckten Stein, in den man in schwärmerischer Freundschaft die Monogramme ritzte. Die Fieberkurven ganzer Beziehungsverläufe werden wiederbelebt, aber auch die Orte guten oder schmerzlichen Alleinseins: der Baum, unter den man sich, seine Geselligkeit suchend, setzte, der Feldrain, den man alleine zum See hinunterging, die typische Landschaft, das Licht ... Vieles, was vergessen war, fällt wieder ein und wird dem Erinnerungsschatz hinzugetan. Manche Verklärungen werden zurückgenommen zugunsten einer realistischeren Einschätzung des bisher „Nur-Schönen", manche Dankbarkeit erfüllt das Herz für etwas, das man früher gar nicht recht zu würdigen wusste.

Schließlich lässt sich ein Motiv erkennen, man möge doch ein zusammenhängendes, kontinuierliches, real tatsächlich existierendes Leben sein eigen nennen, um sagen zu können. „Ja, das war mein bisheriges Leben!" Es gibt offenbar den Wunsch nach einer einigermaßen zufriedenstellenden Rundung, selbst wenn vieles Fragment geblieben ist. Darum gehört auch zu jenen Rückreisen ebenso das Auffüllen oder Überbrücken von Erinnerungslöchern wie die Feststellung, dass die damalige und die heutige Person trotz aller persönlicher Entwicklungen noch dieselbe ist. Ein Beispiel: Eine ältere Dame, tief in einer evangelischen Frömmigkeit beheimatet, erzählte mir neulich nach einer erstmaligen Rückreise an ihren Heimatort im Osten, sie habe sich in der Kirche, in der sie zusammen mit ihrem später im Krieg gefallenen Bruder konfirmiert worden war, wieder wie bei der Konfirmation am Altar hingekniet. Und sie habe diese Erfahrung, bewegt und dankbar, mit zurückgebracht als Ausdruck dessen, was ein Leben lang zu ihr gehörte und ihre ganze Person geprägt hat. – Und noch etwas: So eigenartig es klingen mag, manche misstrauen ihren Erinnerungen an das eigene Leben, und ihnen ist es wichtig zu überprüfen, ob es das, was in der Erinnerung ist, wirklich gegeben hat und vielleicht noch gibt.

Der erste Satz des Buches „Reise in die Kindheit. Wiedersehen mit Schlesien" von H. Bienek klingt wie ein beglückter Aufschrei: „Es ist wirklich so, wie ich es seit meiner Kindheit in Erinnerung habe."[19] Ob nun die Birkenallee, wie im Falle Bieneks, das Elternhaus, die Landschaft, all das tatsächlich wieder Vorgefundene dient der Bestätigung eigenen Wirklichseins. „Wenn es all das gibt", könnte es heißen, „dann muss ich wohl auch nicht nur in der Vorstellung vorhanden sein, sondern eine reale Existenz, ein tatsächliches Leben haben. Und ich darf es ‚mein Leben' nennen."

Wenn diese Lebensernte „eingefahren" ist, „Scheuer und Fass" bis zum Rand mit dem Reichtum und dem Leid des eigenen Lebens gefüllt sind, lässt oftmals das Interesse an den Details der eigenen Biographie nach. Eine innere Wandlung steht an. Immer klarer treten Grundmuster und Lebenslinien hervor, das, was als das wirklich Bedeutsame durch all das Erfahrene hindurchleuchtet. Eine eigentümliche Loslösung, eine Verabschiedung von der eigenen Biographie setzt ein und macht einer existenzielleren Sicht Platz. Die eigene Biographie wird auf das hin durchgesehen, was menschliche Existenz überhaupt ausmacht, was ihr zuträglich, was abträglich ist, woher sie kam und wohin sie geht. Und die eigene Biographie scheint zu einer exemplarischen Existenz zu erstarren. Aus „Das war *mein* Leben" wird „Das war *ein* Leben". „Ich bin", so könnte es lauten, „bloß ein Exemplar im Prozess des Werdens und Vergehens." Und hier mag auch der „Stammbaum" endlich zu seinem Recht kommen: als eine exemplarische Kultur im Wald des Gattungswesens Mensch.

So dienen die Rückreisen, zusammenfassend formuliert, der Integration des Gewesenen in die jetzige Person, also der bereichernden Aneignung der eigenen Lebensgeschichte, bereiten aber im besten Falle auch eine einwilligende Eingliederung in den Prozess des Werdens und Vergehens vor und vielleicht sogar eine Betrachtung des eigenen Lebens *sub specie aeternitatis*. Aber das alles sagt sich so leicht dahin. Dieser Weg will auch beschritten sein. Vor einigen Jahren nahm ich an einem gestaltpsychologischen Seminar teil für Interessenten, die als Kinder das Ende des Krieges erlebten, mit ihren Eltern vertrieben wurden oder flüchteten. Wir waren von der Seminarleitung gebeten worden, Dokumente zum Thema mitzubringen: Fotos, Aufzeichnungen, Träume, Gedichte. Kurt, der kurz vor einer Rückreise in seine ostpreußische „Heimat" stand, brachte einen Brief an einen Kirschbaum mit, den sein vielgeliebter Großvater ausdrücklich ihm, dem fünfjährigen Kind, am Rande des Hofes gepflanzt hatte. Es geht in diesem kindlich-sehnsuchtsvoll anmutenden Dokument um erhoffte Wiedervereinigung mit einer zurückgelassenen, abgespaltenen grundlegenden Lebenskraft, die Kurt ein Leben lang vermisst hatte, ohne die er auskommen musste. Diese möchte er sich wieder zuführen, ehe er in den Kreislauf des Werdens und Vergehens einwilligen kann. Da ich es so ergreifend fand, erbat ich mir das Dokument von Kurt. Hier ist es:

Mein lieber Kirschbaum!
Ob es Dich noch gibt? Ich wüsste es so gerne. Manchmal sehe ich Dich vor mir, groß und stark, mit kräftigem Stamm und breiter Krone, in der Pracht Deiner weißen Blüten, in der Herrlichkeit Deines grünen Laubes, in der Fülle Deiner roten Frucht. Ach, mein Kirschbaum, wäre ich doch bei Dir! Was soll ich denn hier in der Fremde?
Als ich fort musste, warst Du noch klein und zart. Nur einmal hattest Du geblüht und nur einmal Frucht getragen, eine

einzige hellrote Kirsche. Dann musste ich weg, verließ Dich, ohne Abschied zu nehmen. Musste hinaus in die Schneewehen, die ich mir so sehr als meine Leichentücher wünschte. So klein Du warst, soviel Schnee auf Deinen Zweigen lag, reichten Deine Wurzeln doch in wärmere Erde.

Und so bliebst Du und wirst gewachsen sein, ganz gleich, wer durch die Hofpforte trat, wer sich an Deinen Stamm lehnte, wer dankbar Deine Frucht pflückte; nahmst die Kraft der Erde, wuchsest heran, gabst Deine Frucht, Jahr um Jahr, wurdest ein Teil im Kreislauf des Lebens.

Ich aber, mein lieber Kirschbaum, wurde herausgerissen aus allem, was ich liebte: aus der Sicherheit des Schlafs, aus der Geborgenheit der Nächstgeliebten, aus den blühenden Tulpenbeeten und dem Schutz schattigen Flieders, aus der wärmenden Sonne und dem Summen der Bienen, weg von den herrlichen Seeufern und den mächtigen Kastanien der Chaussee, weg von Dir. Verlassen stand ich vor dem großen Spiegel und wusste, dass ich nur mich allein behalten würde. Meine kleine Seele ließ ich bei Euch, ihr Herrlichkeiten meines Paradieses, und wusste sie, während mein Herz bei den Schneewehen gefror, bei Euch aufgehoben.

So bin ich denn mit den anderen nach Westen gezogen, immer weiter weg von Dir. Überall war ich fremd, und denen, die mich liebten, traute ich nicht. Und in denen, die ich liebte, liebte ich allein Dich. Doch nie gelangte ich zu Dir. In meiner Phantasie erschuf ich mein Paradies in vielerlei Gestalt, dachte wohl auch zuweilen, es sei wirklich, mal hier, mal dort. Aber was wirklich war, konnte mein Paradies nicht sein. Und so musste ich weiterziehen, verwahrte meine kleine Seele wieder bei Euch, ihr Herrlichkeiten meines Paradieses, und legte mein Herz in Eis. Aber ach, das Kostbarste, was ich habe, ist nicht bei mir.

Ja, ich lebe. Ohne meine kleine Seele, die weit entfernt ist, und mit dem Eismantel meines Herzens. Beinahe bin ich sogar unantastbar, denn die Hiebe erreichen meine kleine Seele in der Ferne nicht, und die Dolche werden im Eismantel meines Herzens stumpf. Ich lebe ein kleines erfolgreiches Leben, aber wie ein Schatten in fremdem Land. Manchmal, mein lieber Kirschbaum, trete ich an Deine Seite und schaue meinem weit entfernten Schattenspiel eine Weile zu. Dann möchte ich mich zurückrufen, dorthin, wo ich hingehöre, dorthin, wo allein ich mich mit dem Kostbarsten, was ich habe, wieder vereinen kann.

Hab' Geduld, mein Kirschbaum, ich komme! Ich kehre zurück, Station für Station, als Pilger, als verlorener Sohn. Fast ein halbes Jahrhundert bin ich durch fremdes Land gezogen. Nun möchte ich ausruhen, eine ganze Ewigkeit ausruhen, sitzend auf Deinen Wurzeln, gelehnt an Deinen starken Stamm, geschützt unter dem Dach Deiner Zweige. Lege Dein Blütenkleid an, mein Kirschbaum, bereite Dich, mir Deine Früchte zuzuwerfen. Ich komme, ich komme zurück. Dann wird der Eismantel meines Herzens abschmelzen, und meine kleine Seele, die Du liebevoll verwahrtest, wird wieder Einzug halten in meine Schattenwelt. Noch einmal werde ich zu den Herrlichkeiten meines Paradieses gehören, zu Tulpen und Flieder, zu Sonne und Bienen, zu Seeufern und Kastanien, und zu Dir, mein Kirschbaum. Und die in fremder Erde ruhen, werde ich an Deinem Fuße bestatten.

Und das Rad meines Lebens wird sich zusammenfügen, Speiche um Speiche. Sonnenjahre und Schattenjahre werden sich verschwistern. Der Lauf meines Lebens wird dahineilen durch eine ungeteilte Welt. Und die Schneewehen dieser Welt werden abschmelzen auf ihr Maß. Ich werde bekleidet sein mit der Pracht Deiner weißen Blüten, der Herrlichkeit Dei-

nes grünen Laubes, der Fülle Deiner roten Frucht. – Und am Ende unseres Laufes neigen wir uns gemeinsam der Erde zu und kehren zusammen zurück, woher wir kamen. Ich komme, ich komme zurück!
Dein Kurt

Das Leben, ein Trauerspiel ...

Über weite Strecken ist das Leben dem eigenen Empfinden nach eine einzige Tragödie. Da gab es in jungen Jahren eine Person, die sehr schnell Mittelpunkt des eigenen Lebens wurde. Das Glück schien grenzenlos, die Zukunftspläne waren alle schon geschmiedet. Doch eines Tages zog die Partnerin, der Partner, überraschend einen überaus schmerzhaften Schlussstrich. „Abschied ist ein scharfes Schwert", singt Roger. Es schneidet tief. Die Kränkung ist schwer zu verwinden, Trauer und langer Abschied richten den Blick nach innen, vereinzeln. Der „einsame Wolf" wird für einige Zeit Interpretationsfigur für die eigene Tragik. Die nächsten Beziehungen kränkeln so dahin, bis sich dann doch recht passable, bisweilen sogar sehr glückliche Verbindungen ergeben, die in Partnerschaften auf Dauer übergehen. Aber auch hier kommen Zeiten, in denen gar nicht mehr so klar ist, ob der Partner nicht hätte ein „einsamer Wolf" bleiben sollen, die Partnerin alleinerziehende Mutter. Ob man sich trennt, ob man zusammenbleibt, das Zueinander der Geschlechter scheint auf tragische Verwicklungen angelegt.

Und das Berufsleben erst! Der Kampf um die „Einstiegsqualifikationen", das mühsame Erklimmen einiger Sprossen auf der Karriereleiter, das Buhlen um Anerkennung! Diese unmöglichen Kolleginnen und Kollegen, diese inkompetenten Chefs, dieses ständige Übersehen der eigenen, doch durchaus bemerkenswerten Kompetenzen! Es ist ein Trauerspiel! Unversehens hat sich der etwas mokante Ton eines Sechzigjährigen eingeschlichen, der nun auch keinesfalls übersehen möchte, dass Menschen in Beziehung und Beruf an den Rand des Erträglichen gelangen, zerrieben werden, scheitern. Von diesen *wirklichen* Tragödien soll hier nicht die Rede sein, sondern von der offenbar lebenslang andauernden Attitüde, das eigene Leben immer wieder als Tragödie zu interpretieren und im Klagen und Anklagen kein Ende zu finden. Und wer hat Schuld an allem Elend? Unerbittlich wird der Tragöde nach Schuldigen suchen, die die eigenen, zumeist unhinterfragten Selbst- und Leitbilder nicht zur Entfaltung kommen lassen, die überhaupt seine Selbstverwirklichung in ganz unzulässiger Weise einschränken. Zunächst werden es Personen im beziehungsmäßigen und beruflichen Nahbereich sein, in die er sich, zu Recht oder Unrecht, wütend verbeißt. Schließlich aber beginnt er doch sein eigenes Verhalten zu befragen – und stößt auf die „frühen Beziehungspersonen", die immer noch in seiner Seele hausen und ihm sein Leben vermiesen. Es ist ja kein Wunder, bei diesen „frühen Beziehungspersonen" musste er ja zu dieser traurigen Figur werden, die er heute abgibt. In Selbsterfahrungssettings liest er Vater, Mutter, den Geschwistern, einem nach dem anderen, die Leviten, tobt seine Wut an Matratzen aus, weint seine Traurigkeit in Kissen, arbeitet im analytischen Gespräch an den Beziehungsgrundlagen. Und erst nach langer Zeit, wenn viele Enttäuschungen durchgearbeitet sind, kommt hoffentlich die Wende: Ich werde nie andere „frühe Beziehungspersonen" haben. Es war, wie es war. Die Klage über Unrevidierbares hindert mich am Leben. Meine seelische Ausstattung reicht für ein lohnendes Leben aus.

Nun ist es ja in den Lebensjahren des Voralters keineswegs schon zu spät für Klage und Anklage. Vielleicht ist gerade jetzt noch einmal Zeit, im Vollzug der Lebensbilanz die innere Auseinandersetzung mit Schlüsselfiguren des eigenen Lebens zu suchen und die Begegnungen neu zu bewerten: z. B. klare innere Trennungen zu vollziehen, aber auch Dankbarkeit zu entdecken. Zunehmend kommt jedoch eine neue Sicht, eine Veränderung des Blickwinkels auf, entlastend und befreiend, ein „Ausweg aus der Jammertalorganisation".[20]

Ein erster Schritt wäre, die Anklage zu verwandeln in die Erforschung eigener Sehnsucht. Es hat keinen Sinn, auf das zu starren, was nahe Personen *nicht* waren; hingegen macht es Sinn, auf den Grund der eigenen Wünsche zu schauen und über den eigenen Reichtum ins Staunen zu geraten. Die Verwandlung wendet den inneren Blick von den „Angeklagten" auf das Selbst und dessen Schätze. Sätze verwandeln sich: „Mein Vater hat sich mir entzogen" in den Satz „Ich habe ihn doch so geliebt!", „Meine Mutter hat mich nie zur Kenntnis genommen" in den Satz „Ich habe mir so sehr gewünscht, dass sie mich wirklich ansieht und bemerkt, wer ich bin!" Dadurch, dass der eigene Reichtum nur unzureichend erwidert wurde, ist er ja nicht ausgelöscht! „Sehnsucht nach Liebe ist Liebe", sagt Saint-Exupéry.[21] Die Verwandlung löst vom biographischen Hintergrund ab und stärkt die Fähigkeiten der eigenen Person.

Ein zweiter Schritt könnte darin bestehen, eine einengende Zugehörigkeit zur Ursprungsfamilie innerlich endgültig aufzulösen und ein nicht-familiäres Selbst zu begründen. Ein Freund in meinem Alter schrieb mir neulich beglückt:

„Dieses Ausscheiden aus der familiären Zugehörigkeit, dieses Aufgeben familiärer Zuschreibungen, dieses Loslassen familiärer Vorstellungen, dieses Entlassen und Raum-Schaffen für ein nicht-familiäres Selbst, das ist für mich in diesem umfassenden Sinn neu, ja überwältigend. Es ist, als bekäme ich – trotz harter Schnitte (Absonderung von der Generationenfolge!) – ein wirklich eigenes, neues Leben geschenkt." Nun sei er, so fährt er fort, endlich frei, sich ein Bild von sich selber zu machen. Auch neue innere Verwandtschaften zu verschiedenen Geistesrichtungen erwägt er und fragt, christlich geprägt, schließlich, ob er vielleicht jetzt erst zur „Nachfolge" bereit sei. Er ist nunmehr frei, sich einer „geistigen Welt" zuzuordnen.

Ein dritter Schritt in der Zeit beginnenden Alters, besonders nach dem Ende der Berufstätigkeit, betrifft eine verwandelte Art und Weise, das eigene Lebenspanorama, die eigene Lebenslandschaft, zu überschauen. Es ist ein Blick „von woanders her". Der Abstand zu den durchlittenen „Dramen" des Lebens ist wohltuend. Die Lebenslandschaft bleibt zwar im Bewusstsein gegenwärtig, ja sogar bis in äußerste Fernen wahrnehmbar, aber sie ist nach all den Vulkanausbrüchen ein wenig erkaltet, hat etwas Statisches in fast graphischer Klarheit angenommen. All die Zerrissenheiten, Schmerzen und Traurigkeiten, aber auch Hochstimmung und Jubel, haben ihre bedrängende Unmittelbarkeit verloren. Und eigene „Biographiearbeit" ist eher Strukturarbeit denn dynamische Arbeit: Das sind die wichtigen Wendepunkte in meinem Leben, dies die zentralen Lebensmuster. Die Klarheit des Lichts, das über der Lebenslandschaft liegt und sie durchsichtig werden lässt bis zu einem noch unaussprechbaren Grund, das ist eine neue, im Voralter beginnende, im Alter sich steigernde Sicht auf das eigene Leben.

Ein vierter Schritt könnte eine noch weitreichendere Verwandlung im Selbstverstehen mit sich bringen. Der Blick „von woanders her" lässt viele kleine Szenen der „Lebensdramen" ausgesprochen komisch erscheinen. „Was haben wir damals in unserer Ehe doch für merkwürdige Psychospiele miteinander gespielt! – Himmel, das Vorstellungsgespräch damals in N., es hätte großartig in eine Volkstheaterklamotte gepasst!" Wir finden diese erinnerten Szenen nicht gerade zum Totlachen, denn die damaligen Enttäuschungen sind ja auch heute noch nicht zu übergehen, aber es stellt sich doch ein Schmunzeln ein, ein leichtes Kopfschütteln, ein befreiendes Lächeln. In wievielen Komödien haben wir bloß mitgespielt? Von heute aus betrachtet, waren wir als große oder kleine Tragödinnen und Tragöden eine Fehlbesetzung. Wir waren allerdings auch viel zu jung, zu hitzköpfig, zu heldenhaft, zu pathetisch, um die Rollen im Lebensspiel komödiantisch anzulegen. Dem Alternden jedoch, der schon „von woanders her" blickt, mag das Leben manchmal wie eine Bühne erscheinen, auf der zwar keine billigen Lustspiele, aber doch Komödien ohne Zahl inszeniert werden.[22] Und in einigen davon hat er mitgespielt.

„Ach, wie schön ..."

Eine Männergruppe trifft sich vierzehntäglich in lockerem Rahmen, um über Probleme des Alterns zu sprechen. Alle Männer sind zwischen 53 und 64 Jahre alt. Rudolf ist kürzlich einige Tage in Paris gewesen und will nun etwas erzählen. Alle spekulieren auf ein kleines, spätes Abenteuer und spitzen die Ohren. „Ich hatte", beginnt er, „in Paris ein wunderbares Erlebnis." Aha, also doch! Der Rudolf! „Nein, nicht wie ihr denkt", fährt er fort, „aber mit dem Thema hat es schon zu tun. – An einem herrlichen Vorfrühlingstag trank ich einen ‚café noir' auf einem Restaurantboot, das an einer der vielen Brücken von St. Germain zur Ile de la Cité vor Anker lag. Um mich herum üppige Grünpflanzen, vor mir, im Sonnenlicht, Notre Dame." „Nun aber", wirft Paul ungeduldig ein, „komm' auf'n Punkt!" „Am Nebentisch", erzählt Rudolf weiter, „saß ein junges, verliebtes Paar. Sie vielleicht 21, er, sagen wir, 24. Sie sah ganz bezaubernd aus in ihrem luftigen Kleidchen, mit dem wuscheligen blonden Haar und den lebhaften, herzig dreinschauenden blauen Augen. Er war ganz das Gegenteil: ein dunkler Typ, dunkle Augen, gebräunte Haut, kräftige Hände. ‚Wie gut sie zueinander passen', war mein erster Gedanke. Sie hatten sich wohl erst kürzlich gefunden und befanden sich noch in der allerersten Zeit ihrer Liebe. Sie sahen sich oft, ohne zu sprechen, mit stockendem Atem an und waren wohl immer wieder voller Staunen, dass es einen Menschen wie den andern gibt. Die Berührungen ihrer Hände waren flüchtig und leicht, bis sie endlich wie für die Ewigkeit ineinander ruhten." „Sehr poetisch!", rumpelt Paul. „Ja, aber das Interessanteste, dessentwegen ich hier diese Poesie zum besten gebe, kommt erst", kündigt Rudolf an. „Es geht um meine eigene Reaktion auf diesen, wie soll ich sagen, ergreifenden Anblick. Früher wäre ich immer überaus neidisch geworden: ‚Ja, so etwas möchte ich nochmal erleben, nur noch ein einziges Mal!' Eifersucht wäre in mir aufgestiegen. Ich hätte mich innerlich an die Stelle des jungen Mannes drängen wollen. Schließlich wäre ich bestimmt traurig geworden, weil ähnliche Momente in meinem Leben so selten gewesen sind und es dafür nun auch schon zu spät ist. – Dort aber nichts von alledem! Ich saß ganz ruhig da, in mir war eine herrliche Stille, vielleicht lächelte ich sogar ein wenig und dachte: ‚Ach, wie schön …'. Nichts sonst, nur ‚Ach, wie schön …'. Als ich später den Quai entlangbummelte, fühlte ich mich eigenartig beglückt."

Es ist still geworden in der Männerrunde. Manchen ist diese pastellfarbene Poesie ein wenig peinlich, weil für ihr Gefühl Männer denn doch in aller Regel deftiger zu Werke gehen. Außerdem hatten sie eine „action" erwartet, und Rudolf hat halt nur geguckt. Aus dieser Ecke kommt dann auch die typische Anmache: Rudolf mit seiner beträchtlichen Rundung über dem Gürtel und dem schon etwas breiten Mittelscheitel habe da nun auch wirklich keine Chancen mehr. Da sei eben Verzicht angesagt! „Aber ich habe doch gar nicht das Gefühl gehabt, auf etwas verzichten zu müssen", wandte Rudolf ein, „ich habe doch sogar etwas bekommen, ein, wie soll ich mich ausdrücken, beglückendes, wärmendes Bild." „Du hast immerhin ‚Ach' gesagt, ‚Ach, wie schön …'", gibt Michael, der Germanist und Textanalytiker, zu bedenken. „Nun ja", antwortet Rudolf, „vielleicht ist ja wirklich eine winzige Melancholie vorbeigesegelt. Viel, viel stärker ist aber das schöne, ergreifende Bild, das mich tief berührt und bereichert hat."

Das Gespräch wogt hin und her. Die deftige Fraktion macht Rudolf zum Vorwurf, er sei unehrlich mit sich selbst. Er mache sich doch nur etwas vor, bilde sich diese „Bereicherung" als schlechten Ersatz für die Wirklichkeit bloß ein. Er solle doch ehrlich sagen: Schluss, aus! Was nicht mehr möglich ist, ist nicht mehr möglich! Um Rudolf sammeln sich zwei, drei andere, denen ein Abschied solcherart nun doch nicht sehr gelungen erscheint. Sie glauben vielmehr, dass man schöne Bilder gelungener Grundsituationen des Lebens in sich aufbewahren kann, die einerseits individuell wärmen, andererseits aber auch eine grundlegende Verbundenheit zum Menschsein überhaupt, also zu etwas Größerem, Überindividuellem, herstellen. Vielleicht gäbe es ja so etwas wie überindividuelle Sinnbilder. „Ihr meint die Archetypen", ergänzt Harald, der sich schon einige Zeit mit C. G. Jung beschäftigt.

„Nun ja", schaltet Leo, der Älteste, sich ein, „der Griff zu den Archetypen ist vielleicht ein wenig schnell. Ich bleibe lieber noch bei den Vorgängen, die ich bei mir selber beobachte. Seit einiger Zeit bemerke ich nämlich, dass der bislang tiefe Graben zwischen Wunsch und Wirklichkeit, zwischen Vorstellung und tatsächlichem Erlebnis an Bedeutung verliert, als gäbe es zahllose Brücken herüber und hinüber. Ein Erlebnis und die Vorstellung eines Erlebnisses sind gar nicht mehr allzu unterschiedliche Erfahrungen in meinem Bewusstsein. Die Vorstellungen, die sich manchmal auch zu fortdauernden Sinnbildern formen, nehmen jedenfalls an Bedeutung deutlich zu. – Vielleicht gibt es ja Lebenszeiten, in denen es nicht sein darf, dass unmittelbare Lebenserfahrung durch Sinnbilder behindert, ersetzt, übertrumpft wird, und andere, spätere, in denen mehr und mehr alle Lebenserfahrung, Wünsche, wohl auch Ängste, in die Sinnbilder wandern und dort so etwas darstellen wie ein reiches Wissen vom Leben."

Der stille Jürgen meldet sich zu Wort. Ihm sei gerade eine Szene, die er letzten Sommer beobachtet habe, eingefallen. Er wisse nicht, ob sie ganz passe, aber er wolle sie trotzdem erzählen. „Eines Spätnachmittags saß ich in G. in einem kleinen, schattigen Biergarten und trank mein Feierabendbier. Da die großen Ferien gerade begonnen hatten, waren viele Radwanderer unterwegs, zum Teil ganze Familien, die den bequemen Radwanderweg am Fluss entlang nahmen. Eine solche Familie, Eltern und zwei Jungen, war auf eine

Erfrischung in den Biergarten eingekehrt. Nachdem der erste Durst gelöscht war, beschäftigte sich der jüngere Sohn, vielleicht 9, intensiv mit der Hauskatze, während sich der ältere, ungefähr 10, in der Nähe seines Vater, eines sympathischen, humorvollen Enddreißigers, herumdrückte. Die Diskussion über die Fahrtroute ergab zwischen den beiden ein lustiges Geplänkel. Dann umhalste der Junge seinen Vater, dieser zog seinen Sohn an sich heran. Schließlich kroch der Kleine unter dem Arm seines Vaters hindurch und legte seinen Kopf an des Vaters Brust. Er ruhte einen Moment aus, ehe er wieder wegsprang, um zusammen mit seinem Bruder den Biergarten zu erkunden." Jürgen machte eine nachdenkliche Pause und fuhr dann fort: „Ihr wisst ja, dass ich sehr früh durch diesen blödsinnigen Krieg meinen Vater verloren habe, und solche Szenen gingen mir früher immer sehr aufs Gemüt. Ich gebe zu, dass ich auch diesmal einen schmerzhaften Stich in mir spürte. All das sehnsuchtsvoll Vermisste sah ich wieder vor mir. Aber dann ging es mir wie Rudolf in Paris. Ich konnte mich zurücklehnen und sagen: ‚Ach, wie schön …'. Es war so ein schönes Bild, wie Vater und Sohn sich verstanden, aneinander Gefallen hatten, und der Vater seinem Sohn gefühlvoll Anlehnung gewährte. Ich kann auch heute nur noch sagen: ‚Ach, wie schön …'."

In Jürgens Fall ist man sich schnell einig, dass es da nichts mehr nachzuholen gibt. Der Vater ist tot. Sich nicht endgültig in die dauernde Klage um das Versäumte zu verlieren, das Versäumte vielmehr in ein bereicherndes Bild zu fassen, leuchtet den meisten als sinnvoller Weg ein. Freilich meint die eine Fraktion, dies geschehe *nolens volens*, während die andere einen erheblichen Reifungsprozess zur Vorbedingung macht, der Bildern im Seelenleben zunehmend Bedeutung einräumt.

„Du musst dein Leben ändern.", sagt Michael plötzlich. Keiner versteht ihn, aber er erläutert sogleich seinen Einfall. Er habe eben an das Gedicht „Archaischer Torso Apollos" von R. M. Rilke denken müssen. Der Betrachter sei von der Ausstrahlung dieses bildhauerischen Fragments so durchdrungen, so erschüttert, dass er nur die im letzten Satz geäußerte Konsequenz ziehen kann: „Du musst dein Leben ändern." Vielleicht könnten die von Rudolf und Jürgen beschriebenen Szenen ja zu Bildern werden, die einen solchen Appell in sich trügen.

Es schließt sich eine Diskussion darüber an, wie denn Bilder, Sinnbilder, gerade im fortgeschrittenen Alter, das Leben verändern könnten. Nach einiger Zeit herrscht Übereinstimmung, dass sie Lebenserfahrungen deutend verarbeiten, das Alltagsbewusstsein produktiv erschüttern, Wesentliches vom Unwesentlichen scheiden und überhaupt eine reifere Sicht auf menschliches Leben nahelegen. Und wenn das Leben garstig wird, meint Jürgen, kann man sich in Bildwelten bergen, ohne zu verzweifeln. Vielleicht, sagt Rudolf abschließend, sei die Bildwelt so etwas wie eine Ikonostase der Seele, die vor Verzweiflung am Leben bewahrt und zur Zuwendung zum Leben ermutigt. Und je mehr man an Alter zunehme, desto glühender, so hoffe er, werde diese Bilderwand erstrahlen.

Les adieux

Im mir bekannten Opernrepertoire ist kaum ein Aufschrei so erschütternd, ja vernichtend, wie jener der Violetta in der letzten Szene der „Traviata"[23]: „Zu spät!" All ihre Illusionen zu gesunden, mit dem einzig geliebten Menschen zusammenzuleben, zerbrechen im Moment der Einsicht, dass sie sterben muss. Vor dem hohen Spiegel ihres Toilettentisches stehend, legt sie ihren Schmuck ab und erkennt, dass nun alle „Hoffnung Torheit" ist. In einer innigen Arie („Lebt wohl denn ...") sagt sie ihren Hoffnungen ade. Noch ein trotziges Aufbäumen beim überraschenden Besuch ihres Geliebten, dann geht sie ihrem Tod entgegen.

In keiner anderen Lebensphase meldet sich ein „Zu spät!" so oft und intensiv, manchmal auch völlig überraschend, wie in der Zeit des beginnenden Alterns. Das „Zu spät!" leitet unseren Abschied vom tatsächlich oder vermeintlich Versäumten ein, von dem, was auch mit größten Anstrengungen kaum noch nachzuholen ist, was uns verweigert wurde, was wir immer noch erwartet hatten, was eigentlich zu unserem Lebensentwurf gehörte. Wir sollten uns nichts vormachen: Das „Lebt wohl denn ..." ist ein kleiner Tod, der erst durchlitten werden will, soll irgendein Gewinn damit verbunden sein.

Was hatten wir uns beruflich alles vorgenommen! Eine Führungsposition sollte es denn doch schon sein. Und dann kamen wir in den gewünschten Beruf nicht hinein, und in einem anderen sind wir irgendwo in der Mitte hängengeblieben. Manchmal haben wir gar einen Abstieg erleben müssen. Jedenfalls werden wir jetzt nicht noch einmal „groß rauskommen", wenn wir das Berufsleben nicht ohnehin schon beendet haben. – Vielleicht waren da auch Wünsche, sich einmal selbstständig zu machen, eine eigene Firma zu gründen, eine Beratungspraxis zu eröffnen. Aber dann fehlten Mittel und Mut. Es wurde nichts daraus. Und nun ist es wahrlich zu spät. – Auch die Doktorarbeit, an der doch so unser Herz hing, wurde nicht vollendet. Noch hüten wir unzählige Aktenordner mit entsprechenden Materialien.

Aber die Gedanken sind alt geworden und abgestorben. Sie lassen sich auch im Ruhestand nicht mehr zu neuem Leben erwecken.

Manche quälen sich, weil sie ihrem „inneren Ruf", wie sie es nennen, nicht gefolgt sind oder ihm haben nicht entsprechen können. Ich kenne einige Pfarrer – sie sind übrigens die besten! – die, wenn sie ihre berufliche Bilanz ziehen, in tiefe Zweifel geraten, ob sie überhaupt ein taugliches Instrument „in der Hand Gottes" waren. Die Ungeheuerlichkeit dessen, was zu sagen gewesen wäre, hat sich während ihres Berufslebens allzu oft in religiöse Floskeln und nette Gesten verdünnt. Aber nun ist es zu spät, das Berufsleben im Wesentlichen abgeschlossen.

Viele Beziehungsträume sind nicht gereift! Einmal *die* Geliebte finden, *den* Traummann. Oder, nachdem diese Träume dahingegangen waren, eine Partnerin, einen Lebensgefährten. Manche sind allein geblieben. Ihr Wunsch nach einer Familie und Kindern ist nicht in Erfüllung gegangen. Zu diesen Alleinlebenden wird kein Kind je mehr Papa oder Mama sagen, kein Enkel mehr Opa oder Oma. Es ist zu spät. „Lebt wohl denn ...".

Von einem denkwürdigen Abschied ganz eigener Art, der zugleich eine Ankunft war, möchte ich ausführlicher erzählen: Frank kannte ich aus dem kirchlichen Milieu. Wir sahen uns auf Tagungen, Empfängen, Arbeitssitzungen. Vielleicht ging es anderen wie mir, seine Person blieb mir einfach nicht im Gedächtnis haften. Er war in einer merkwürdigen Art unscheinbar, leidenschaftslos, grau. Alles, was ich von ihm wusste, war, dass er der „evangelikalen Ecke" zuzurechnen sei. Vor einigen Jahren, ich mochte Mitte 50 sein, trafen wir uns zufällig auf einer Tagung in einer weiter entfernten Akademie wieder. Wir setzten uns nebeneinander und plauderten über das heimische kirchliche Milieu. Was wir sprachen, ist mir gar nicht mehr in Erinnerung, nur dass mir Frank, mittlerweile Anfang 60, völlig verändert erschien. Er strahlte eine Lebendigkeit, ja eine Warmherzigkeit aus, die ich an ihm nicht kannte. Er wurde mir zusehends sympathisch. Abends suchten wir nach dem Tagungsprogramm eine nahegelegene Weinstube auf, zogen uns in eine Ecke zurück und plauderten zunächst leichthin über den Tagungsverlauf. Wie ich es mir vorgenommen hatte, sprach ich ihn aber schließlich auf die Verwandlung seines Wesens an. Er lachte auf, zögerte einen Moment, forschte in meinem Gesicht, ob er mir vertrauen könne, und begann zu erzählen. Er müsse vorausschicken, so sagte er, dass er homosexuell sei, und seine Veränderung habe damit zu tun. Ich könne mir sicher vorstellen, was es heiße, in einem freikirchlichen Milieu „andersherum" zu sein. Natürlich habe er seine sexuelle Orientierung, nachdem sie spät zutage getreten war, verborgen, vor allem aber selber als grundlegende Sünde gegen seinen Schöpfer betrachtet. Versuche, sich Frauen anzunähern, seien gescheitert. Die wenigen, in aller Regel flüchtigen homosexuellen Kontakte hätten ihn schwer belastet, zu Schuldgefühlen geführt und ihn schließlich dazu veranlasst, sich ängstlich aller Männerfreundschaften zu enthalten und sich in seinem zwar geordneten, aber grauen und uninteressanten Leben einzurichten. Das sei viele Jahre so gegangen. Sein „Bekehrungserlebnis", wie er es nannte, habe er im vorletzten Sommer erlebt. „Eine Reise", fuhr er sinngemäß fort, „führte mich nach Ravenna, zu den Mosaiken, die ich immer schon einmal sehen wollte. In einer kleinen Herberge am Rande der Stadt nahm ich Quartier. Und dort nun bediente mich bei meinen Abendessen der Sohn des Hauses, den ich auf Anhieb in mein Herz schloss. Ich habe kaum meine Augen von ihm wenden können, bewunderte seine Gestalt, seine Art, sich zu bewegen, zu sprechen, zu blicken. Auch tagsüber füllte mich das Bild dieses faszinierenden jungen Mannes ganz aus. Es war, als habe ‚Aschenbach' seinen, freilich etwas älteren, ‚Tadzio' gefunden.[24] Ich war so entwaffnet, so tief erschüttert, dass Schuldgefühle, selbst bei zärtlichen und sexuellen Vorstellungen, gar nicht aufkommen wollten. Und die Welt blühte: Die Farben kehrten zurück, die Mosaiken leuchteten anders, die Gesichter auf den Straßen fanden ihren je eigenen Ausdruck wieder, die Kinder feierten spielend ihr junges Leben. – Eines Abends, bei einem letzten Glas Wein, hat mich dann eine Einsicht wie ein Blitz aus heiterem Himmel getroffen. Sie lässt sich in einem Satz zusammenfassen: Die Sünde meines Lebens ist, meine Art zu lieben nicht gelebt zu haben. Und das will heißen: Ich habe meine Art, Nähe und Wärme, Zärtlichkeit und Sehnsucht, Hingabe und Verströmen fühlen, empfangen und geben zu können, aus der Schöpferhand nicht angenommen. Ich habe diese reich gefüllte Hand ausgeschlagen. Einige Tage fiel ich in Traurigkeit über all das Vertane und Versäumte in meinem Leben, aber abends stand mir dieser bewunderte Mensch wieder strahlend vor Augen, und ich fragte nicht, was gewesen war oder nicht. Ich war weiter in Hochstimmung. Und eines Tages, im zauberhaften Frühlicht, war es mir, als lächelte der große Christus in Sant' Apollinare Nuovo mich an. Da wusste ich, dass mein bisheriger Schöpfergott seine graue Maske abgelegt und mir sein lebensprühendes Gesicht zugewandt hatte." – Die Verwandlung sei kostbar für ihn. Er wisse nicht, ob sich in seinem Alter noch die eine oder andere Freundschaft ergäbe und wie weit sie führe. Das sei aber auch nicht das Entscheidende. Viel wichtiger sei, dass ihm seine Gefühlswelt neu geschenkt worden ist und dass er sie auf der Suche nach den tiefen Quellen des Lebens, die dem Schöpfer entspringen, mit innerer Freude durchwandern darf.

Diese Geschichte ist, finde ich, so ernst, tief und klar, wenn für viele sicher auch fremd, dass sie uns ermuntern mag, unser Versäumtes aus einem gewissen Abstand und mit einiger Kühle anzuschauen. Viele Vorstellungen und Wünsche unseres Lebensentwurfs, werden wir feststellen, sind nie gereifte Früchte eines jugendlichen Überschwangs. Sie mögen abfallen. Ärger ist, wenn sie einer Großmannssucht entsprangen. Warum, um Himmels willen, haben wir uns hier und da zu etwas Bedeutendem aufblasen wollen? Das also kann ebenfalls zur Seite gelegt werden und vielleicht auch jene, Versäumtes einklagende Haltung, die mit kleinkindhaftem Schmollmund feststellt, alles im Leben sei immer eine Nummer zu groß für Klein-Hänschen gewesen. Auch das zu Große gehe dahin. Nur das tatsächlich leidvoll Versäumte soll bleiben, alles, was sterben musste, ehe es leben durfte.

Muss es begraben bleiben? Was heißt „Zu spät!"? Eins ist sicher, wir können nicht mehr in die Lebensgeschichte zurückkehren und das ergänzen, was fehlte. Vorbei ist vorbei! Und nachzuholen ist das Wenigste. Was uns bleibt, ist, Adieu zu sagen. Doch hat ein Adieu zwei Seiten: Die eine bedeutet, dem nicht mehr zu Verwirklichenden unter Trotz und Trauer und schließlich mit einiger Akzeptanz den Abschied zu geben, die andere: Gott befohlen. Wir können das, was nie leben durfte, in religiöser Tradition gesprochen, im lebendigen Antlitz Gottes wiederfinden. Von dort wird es uns leuchten. Oder, weniger religiös: Wir können das, was nie leben durfte, dem inneren Schatz dessen, was uns heilig ist, hinzufügen.

3. Kapitel

Zeit der Verwandlung

Auf den folgenden Seiten werden einige Tendenzen beschrieben, die einen Wandel im Leben „junger Alter" anzeigen. Es handelt sich in der Regel nicht um spektakuläre Umbrüche, sondern um allmähliche Übergänge, ebenso wie sich eine Spektralfarbe in die nächste verwandelt. So wird zur Sprache gebracht, dass mit Korrekturen von Verhaltensweisen im „Voralter" nunmehr weniger zu rechnen ist, dafür aber *Möglichkeiten der Umformung* sich andeuten. Zugleich tritt das Prinzip der Leistung gegenüber dem der *Reifung* zurück. Zugehörigkeiten lockern sich, und *Fremdheitserfahrungen* nehmen zu. Das Sammeln und Aufhäufen wird als problematisch erkannt, und *befreiendes Loslassen* gewinnt Raum. Ab und an wird die *Stille* dem bloß Unterhaltsamen vorgezogen, und der Blick wendet sich beinahe unmerklich mehr und mehr von der äußeren auf die *innere Welt*.

Von Veränderung zu Verwandlung

„Ich habe keine Lust mehr, mich zu verändern. Ich will jetzt leben, wie ich geworden bin!" Diese oder ähnliche Sätze höre ich öfters aus dem Kreise Alternder, zuweilen geäußert mit leichtem Trotz, manchmal auch mit resignativem Unterton. Offenbar hat die Betrachtung des eigenen Lebenspanoramas auch vor Augen geführt, was einen von früh auf geprägt hat, was man hat revidieren können, was man im Laufe des Lebens dazugelernt hat, und welche schmerzhaften Erfahrungen und glücklichen Zufälle einen wie von selbst verändert haben. Das muss nun zum Leben reichen! – Mancher mag sein Repertoire an Verhaltensweisen noch ein wenig systematischer durchbuchstabieren: Er bilanziert vielleicht, was ihn in der Regel ängstigt oder beglückt; welche Nähe er gerne eingeht, welche Distanz er braucht; welches Maß an Einflussnahme er sich zuzutrauen gelernt hat; ob Mut oder Skepsis sein Lebensgefühl seit je vorwiegend beherrscht etc. Damit kommt nun aber meist der Wille zur Veränderung an ein Ende. Mir scheint, es läge auch ein wahres Moment darin, die kontinuierliche Revision eingeschränkter Verhaltensweisen abzuschließen. Hat es nicht auch etwas Tragisches, in einer Lebensphase um 60 nochmals eine Veränderung in wesentlichen Bereichen der Persönlichkeit anstreben, das Steuer noch einmal total herumreißen zu wollen? Dazu ist es doch in der Tat zu spät.

Das ganze Leben lang haben wir uns immer wieder verändert: oft beinahe unmerklich beim Übergang von einer Lebensphase zur anderen, in Lebenskrisen manchmal auf dramatische Weise. Über viele Jahre hinweg war unser Optimismus, sich verändern zu können, ungebrochen. Liefen wir beruflich wie privat in Sackgassen, dann wussten wir: Wenn wir uns nicht zusätzliche Kompetenzen aneignen, werden wir beruflich nicht reüssieren; wenn wir bestimmte Verhaltensweisen in unseren Partnerschaften nicht ändern, werden wir immer wieder scheitern. Anpassungsleistungen waren zu erbringen, die Veränderungen des eigenen Verhaltens notwendig machten, wollten wir zu den Mitmenschen, beruflich wie privat, in ein erfolgreicheres und befriedigenderes Verhältnis treten. Veränderung bedeutete in den Lebensphasen, die dem „Voralter" vorangehen, vorgeprägte Weisen des Fühlens, Denkens und Handelns, die leidvoll störend oder einschränkend wirkten, mit oder ohne professionelle Hilfe nach Möglichkeit rückgängig zu machen, zumindest zu mildern und die Neigung zu Alternativen des Verhaltens wachsen zu lassen.

Freilich stellt sich nicht nur die Frage, ob eine persönliche Veränderung der genannten Art im „Voralter" weiterhin noch sinnvoll ist, sondern auch, ob sie überhaupt Aussicht auf Erfolg hat. Wenn es auch nicht immer gleich um „therapeutische" Veränderungen gehen muss, so lohnt es sich doch, einen Moment in die tiefenpsychologische Fachdiskussion hineinzuhören, um die *Grenzen der Veränderbarkeit* bei Alternden, besonders aber auch die typische *Wandlung der „Therapieziele"* kennenzulernen. Die Ergebnisse dieser Diskussion könnten für unsere Thematik des Alterns höchst bedeutsam sein.

Durchgängig muss wohl anerkannt werden, dass die Möglichkeit, sich im Sinne der Revision von Verhaltensdispositionen zu verändern, mit wachsendem Lebensalter abnimmt. S. Freud nennt dafür folgende Gründe: Im höheren Lebensalter erlahme die Fähigkeit, seelische Vorgänge rückgängig zu machen; ihre Plastizität, die „Beweglichkeit psychischer Besetzungen", d. h. die Flexibilität der Zuwendungen, lasse nach; die Masse des psychischen Materials, das sich im Laufe des Lebens aufgehäuft habe und nun durchgearbeitet werden müsse, verlängere die Therapiedauer über Gebühr. Deshalb hält er therapeutisch zu erzielende Veränderungen eigentlich schon bei Menschen über 40, auf jeden Fall in einer Altersstufe „in der Nähe des fünften Dezenniums" für kaum noch möglich. Wenn auch ein schwieriger persönlicher Zugang zum Alter, ein zeitgebundenes wissenschaftliches Altersbild und soziologische Tatbestände (damals lag die durchschnittliche Lebenserwartung in Wien bei ca. 50 Jahren!) die von S. Freud vorgenommene Einschätzung der „Behandelbarkeit" Alternder geprägt haben mögen, so bleiben seine Überlegungen auch für die Phase des „Voralters" doch weiterhin bedenkenswert.[25]

Indes, die doch recht zeitgebundene Position Freuds wird heute keineswegs mehr rückhaltlos geteilt. Therapie mit Alternden und Alten wird mehr und mehr als erfolgversprechend angesehen. Interessant ist allerdings die Verschiebung der Therapieziele. In den Mittelpunkt des Interesses rückt weniger die Zuwendung zu „Objekten", wie noch bei Freud, sondern die Hinwendung zum Selbst. Stützung des Selbst[26], Umformung der Strebungen, die zum Selbst gehören, so etwas wie Individuation im Sinne C. G. Jungs, das sind die dem Prozess des Alterns angemessenen Ziele. Veränderungsarbeit geht über in ein Bemühen um *Verwandlung*. Dieses wird eher so etwas wie ein Neuverstehen der seelischen Bestände und Integration dessen, was an zu Ende gedachten Wünschen spürbar wird, ins Selbst zum Ziel haben, als über Jahrzehnte bestehende Verhaltensweisen rückgängig machen zu wollen. Die therapeutische Arbeit wird womöglich sogar nicht mehr, wie üblich, ausschließlich auf Wiederherstellung der Beziehungsfähigkeit aus sein, sondern auf Umformung jener Strebungen, die sich auf das Selbst richten, in Eigenschaften der Reife, wie H. Kohut sie aufführt: „1. die schöpferische Begabung und Arbeit, 2. die Einfühlungskraft, 3. die Fähigkeit, die Begrenztheit des eigenen Lebens ins Auge zu fassen, 4. der Sinn für Humor und 5. die Weisheit."[27] Glückt dieser Prozess der Verwandlung, dann wendet sich die eigene Person in ganz neuer, sozusagen entgrenzter Weise, der Welt zu; die Dimensionen einfühlenden, nachsichtigen Verstehens dehnen sich weiter als jemals im Leben aus; die schöpferische Vertiefung in ein Werk kann ein bislang kaum gekanntes Ausmaß erreichen; das Verhältnis zur Natur vertieft sich, und vielleicht gelingt es sogar, im Einklang mit der schmerzlichen Entdeckung zu leben, dass unsere Existenz endlich ist.[28]

Diese überaus bedeutungsvolle Verwandlung ist natürlich nicht nur Ziel therapeutischer Prozesse, vielmehr stehen alle Alternden vor der Aufgabe, das Tor der Verwandlung zu durchschreiten und die „Kränkungen", die das Altern mit sich bringt, in dieser Weise zur Selbst- und Sinnfindung zu nutzen.[29] Und auch die Einsicht in die Begrenztheit des eigenen Verhaltensrepertoires ist ja eine solche „Kränkung", die resignativ oder konstruktiv bearbeitet werden kann. Im ersten Falle mag sich eine dumpfe Unmittelbarkeit zum eigenen, scheinbar unverrückbaren Verhalten einstellen, ein schlichtes Herunterspielen verhärteter Routinen. Das eigene Leben wird eingedampft auf klagend oder schulterzuckend hingenommene, eingeschränkte und eingefahrene Verhaltensweisen. Diese Alternden werden nicht alt, sondern vertrocknen einfach. Im zweiten Falle steht im Vordergrund der Entschluss, nunmehr klaglos mit dem erworbenen Verhaltensrepertoire zu leben, wie eingeschränkt und fragmentiert das damit mögliche Leben auch sei. Es wird sich aber erweisen, dass die eigenen Verhaltensmöglichkeiten bei weitem noch nicht hinreichend verstanden, geschweige denn in ihrer Tiefe ausgeschöpft sind, dass ein Genuss der tatsächlichen Kompetenzen vielleicht erst jetzt möglich erscheint, und dass ein Leben in Fragmenten, wenn diese auch wie Scherben ins Leben schneiden mögen, zu einer nochmaligen Bereicherung des Lebensgefühls beiträgt. Entscheidend aber wird eine das Selbst entgrenzende Wendung zur Einfühlung, zum Schöpferischen, zur Schöpfung, zum Überindividuellen sein. Nicht selten wird dieser Vorgang der Entgrenzung begleitet von einer neuen Entdeckung (oder Wiederentdeckung) weiter Symbolwelten, die so etwas wie Teilhabe an einer überindividuellen, zeitlosen Existenz erlauben. Die eigene Person erlangt Fühlung zu einer Welt, einem Sinnkosmos, der offenbar weit über die bestehende Welt hinausgeht, in dem das Tiefste und Unbedingte, meist in Bildern, aufbewahrt ist. Es ist in meiner Sicht von minderer Bedeutung, ob es sich dabei um literarische, künstlerische, philosophische oder religiöse Sinnwelten handelt. Sie gewähren in je eigener Weise der Person mit ihrem begrenzten Leben einen zeitlosen Ort der Zuflucht, den keine Geschichte jemals verheeren wird, und der, in religiöser Symbolsprache, „von Ewigkeit zu Ewigkeit" ist.

Von Leistung zu Reifung

Schon in den letzten Berufsjahren kündigt sich ein Wandel an. Die berufliche Leistung erhält beinahe unmerklich eine andere Farbe. Die in langen Berufsjahren erworbene Erfahrung führt nicht nur zu einer versierten Handlungsroutine, sondern es stellt sich so etwas wie Souveränität ein. Wo dieses von der Art der Arbeit her möglich ist, zeigt sich eine Nachdenklichkeit, die sich auf grundlegende konzeptionelle Fragen richtet. Der beschränkte Horizont des eigenen Tuns wird oft weit überschritten, um weitere gesellschaftliche Kontexte, aber schließlich auch tiefgehende Fragen menschlicher Existenz einzubeziehen. Das kann natürlich nur gelingen, wenn der im Beruf Alternde sich als Person selber in weiteren Horizonten und tieferen Dimensionen verstehen lernt. Dann aber verändert sich auch der Umgang mit anderen im Berufsfeld. Es wird souveräner, gelassener, klarer, ja, wo dies zutage treten darf, auch einfühlsamer und liebevoller. Manchmal ist erst jetzt die Zeit reif, eine leitende, führende Position zu übernehmen.

Vor einigen Jahren veranstaltete ich mit einem etwas älteren Kollegen zusammen eine Selbsterfahrungsgruppe. Zu Beginn einer Sitzung, die mein Kollege leitete, erzählte eine Teilnehmerin einen Traum vom Tod und Begräbnis ihres Vaters, der sich in Wirklichkeit noch guter Gesundheit erfreute. Obwohl sie der Traum erschreckte, war sie sich der Tiefe seiner Bedeutung nicht bewusst. Vor allem aber fehlte ihr gänzlich der gefühlsmäßige Zugang zu dem, wen oder was sie denn da offensichtlich zu Grabe zu tragen wünschte. Mein Kollege bot ihr an, an diesem Traum zu arbeiten. Die Teilnehmerin stimmte zu. Und nun begann ein ungewöhnlich beeindruckender Prozess, innerhalb dessen sich die Teilnehmerin unter vielen Tränen Hass und Liebe zu ihrem Vater eingestehen konnte. Höhepunkt war der Abschied von ihrem Vater im Sarg, indem sie bilanzierte, wie sie ihn während all ihrer Lebensjahre erlebt hat. Stand erst der Hass im Vordergrund, so setzte sich mehr und mehr auch die Einsicht durch, wie sehr sie den Vater geliebt hat und noch liebte. Dann der langsame, endgültige Abschied, das Aussuchen der Grabbeigaben, die letzten Worte, die Abwendung und schließlich die Rückkehr in die zunächst fremd anmutende Gruppensituation.

Indes, diese Tiefe des Prozesses hätte nicht erreicht werden können ohne die ebenso ungewöhnlich beeindruckende Führung meines Kollegen. Natürlich wusste ich, dass er sein „Handwerk" verstand, aber was ich sah, war noch etwas anderes. Er strahlte eine tiefe Ruhe aus, die auch den Tod und all das Unglück, was damit verbunden ist, nicht nur aushalten, sondern einwilligend halten kann. Der Teilnehmerin gegenüber war er von großer Güte, weil er wohl fühlte, wie schmerzhaft der bisherige Weg mit ihrem Vater aus ihrer Sicht war und wie weh diese letzte Begegnung tat. Er ließ stille Räume, in denen sich das Gefühl zu neuen Eruptionen sammeln konnte. Er saß da wie ein Berg oder wie ein Baum, vor deren „ewiger" Kulisse sich das Drama entrollen konnte. Die Traumszenerie malte er mit sparsamen Worten und in ruhigem Fluss beinahe wie ein Märchenerzähler aus. Und wo die offenen Wunden der Seele angerührt wurden, sprach er mit der Teilnehmerin wie eine tröstende Mutter mit ihrem kleinen, unglücklichen Kind. Er versank aber auch nicht in dem Meer der Gefühle der Teilnehmerin oder auch der eigenen, sondern stieg, vielleicht ein wenig gebückt, Stufe um Stufe wieder zur Gegenwart hinauf. – Im Nachgespräch sagte er mir, dass er vor einigen Jahren eine solche Arbeit noch nicht in dieser Weise hätte leisten können. Situationen des Sterbens und des Todes hätten ihn immer sehr erschreckt und im Selbsterfahrungsprozess meist ganz unvermittelt und unvorbereitet getroffen. Nun aber, nach einigen Todesfällen im Familien- und Freundeskreis, seien ihm der Tod und auch das eigene Sterbenmüssen näher gerückt. Einem solchen Selbsterfahrungsprozess jetzt einigermaßen gewachsen zu sein, sei wohl eine Frucht bewussten Alterns.

In der Tat lassen sich im Verhalten meines Kollegen wichtige Merkmale von Reife eines Alternden ausmachen. Angelpunkt ist sicher das Wissen darum, dass der Tod zur menschlichen Existenz gehört, ja dass nach und nach die Einwilligung gegeben wird, über kurz oder lang selber sterben zu müssen. Sehr reif mutet im vorangegangenen Beispiel auch die einfühlsame Güte an, die sich, über die Teilnehmerin hinaus, aller verwundeten Kreatur zuzuwenden scheint. Ja, es wird deutlich, dass Wunden, wie immer sie verursacht sind, zum Kreislauf des Werdens und Vergehens immer gehören werden, und dass hinzunehmen ist, was war, damit sein kann, was sein soll. Zur Reife gehört, wie sichtbar wird, ferner, die eigene Vergangenheit so bereinigt zu haben, dass Gefühle bis in frühkindliche Interaktionen hinein nicht blockiert sind, sondern zur Verfügung stehen und, reif geworden, in Gegenwartsbezüge überführt werden können, wie beispielsweise das Zusammenspiel tiefen Unglücklichseins und Trost. Schließlich meint Reife wohl auch, nicht im Meer des Erlebten zu verschwimmen oder in klagender Knechtschaft über das Lebensleid zu verharren, wie fragmentiert auch das eigene Leben anmutet, sondern, wenn auch versehrt und umweht von einer fernen Melancholie, hinaufzusteigen, Stufe um Stufe, zum Jetzt.

Nun ist es ja keinesfalls möglich, die späte eigene Tätigkeit in allen Berufen mit dieser Art von Reife auszustatten oder überhaupt Gelegenheit dazu zu haben. Immerhin zeigt B. Lievegoed an Beispielen aus seiner Supervisorentätigkeit auf, dass es in erstaunlich vielen Berufsbereichen möglich und sinnvoll ist, den Prozess persönlicher Reifung in die Berufsrolle einzutragen. Dies verschaffe nicht nur den alternden Berufstätigen größere Befriedigung in ihrem Beruf, sondern sei auch zur Erreichung der Ziele vieler Institutionen sinnvoll. Bei mir meldet sich indes einige Skepsis. Ich vermute doch auch häufig auftretende, beträchtliche Querstände zwischen persönlicher Reifung und institutionellen Zielen.

Wie dem auch sei, manche Alternde wählen, obwohl sie einen persönlichen Weg der Reifung mit den späten Berufsjahren mehr oder minder gelungen verbinden könnten, andere Wege, ihr Berufsleben zu verstehen, zu bewältigen und zu beenden. Sie können es einfach nicht dulden, von „den Jungen" überholt zu werden. Sie kommen sich abgehängt und überflüssig vor, überfordern sich maßlos oder resignieren. Natürlich ist mir bekannt, dass Institutionen, unter dem Zwang zur „Verschlankung", eine große Zahl von Arbeitnehmern aus dem Arbeitsprozess hinausspülen, selbst wenn diese beruflich noch einmal ihr Letztes geben. Und selbstverständlich sind viele Menschen aus objektiven Gründen auf die Höhe ihres Arbeitsentgelts angewiesen und haben, früh verrentet, erhebliche Einbußen an Lebensmöglichkeiten. Dies erklärt aber nicht ausreichend, warum sich Alternde bisweilen an ihren Beruf klammern, ohne sich die Chance der Reifung, d. h. auch zu Distanzierung und Abschied vom Berufsleben, zu geben. Noch im allerletzten Moment streben sie, obwohl der nächste Herzinfarkt schon droht, eine Beförderung an oder ordnen, wenn der Abgang bevorsteht, alles noch mit übermenschlicher Kraft der eigenen Konzeption entsprechend. Manche schließlich gerieren sich allseits so, dass eine möglichst große Lücke entsteht und sie noch recht lange vermisst werden. Alle Versuche aber, einen letzten Gipfel der Leistung zu erklimmen oder den eigenen Einfluss über die Zeit der tatsächlicher Anwesenheit hinaus verlängern zu wollen, geben der persönlichen Reifung wenig Chancen und entziehen überdies den Nachfolgern das Vertrauen. Die verzweifelten Bemühungen der Selbstvergrößerung bei sinkender Leistungskurve führen daher in eine persönliche Sackgasse. Hingegen würde ein Prozess der Reifung, der eine allmähliche Verabschiedung einschließt, persönliche Qualitäten in den letzten Berufsjahren erobern helfen, die auch nach dem Ausscheiden bestehen bleiben und weiter wachsen können.

Wie sehnlich man in all den Jahren auch den Urlaub erwartet, wie sehr vielleicht sogar das Ausscheiden aus dem Beruf herbeigewünscht hat: Das Ende der Berufstätigkeit, besonders natürlich ein ungeplanter Ruhestand, ist für viele schlichtweg eine Katastrophe. Es ist ja auch ein bedeutender Bruch im Lebensvollzug. Nachdem wir viele Jahre unseres Lebens vor allem für den Beruf hingegeben haben, die Lebenskraft wie eine Kerze im Laufe des Berufslebens heruntergebrannt ist, stehen wir unvermittelt draußen. Das fühlt sich doch sehr wie ein Scheitern an. Und kaum etwas in unserer Gesellschaft ist ja so angstbesetzt und tabuisiert wie das Scheitern.[30] Zumindest aber ist es eine nicht hinnehmbare Kränkung, mit welcher Leichtigkeit, wenn auch unter bemühten Würdigungen, Institutionen verdiente Mitarbeiter einfach „verstoßen"! Aber alle gefühlsmäßige Empörung nützt nichts: Draußen ist draußen! Und: Nichts ist mehr wie sonst.[31] B. Langmaack beschreibt materialreich die neue Lage: z. B. die ungewohnte Situation, Zeit zu haben, die Veränderung der Tagesabläufe, die Herausforderung der langen leeren Zeit, die Bemühungen um einen neuen Lebensrhythmus. Gut, wer schon zu Berufszeiten nach und nach den Akzent von der Leistung zur Reifung verschieben konnte. Er mag nun einen sehr begrenzten Ausschnitt des Berufslebens, durch eigene Reife verwandelt, fortführen und ansonsten dem Nichtstun Raum geben. Andere jedoch versuchen, „durch ständigen Unternehmungsdrang von ihrer Niedergeschlagenheit abzulenken und sie mit energischer Aktivität zu unterdrücken."[32] Dadurch, dass aktive und leistungsfähige Menschen in unserer Gesellschaft durchgehend positiv bewertet werden, fällt die Fehlentwicklung, der unangemessene, „krankhafte" Tatendrang, gar nicht besonders auf. Ob nun neue Tätigkeitsfelder gesucht oder Ehrenämter angehäuft werden, Reisen unablässig in die Ferne führen, diese Kompensationen und Fluchten können die zugrunde liegende depressive Grundstimmung nur eine Weile kaschieren. Aber es ist so: Die Zeit des Tuns ist vorbei, die Zeit des Seins ist angebrochen, wie weit sich die Zeiten auch noch überlappen mögen. Oder in den Worten K. Dürckheims: „Das Schwergewicht zwischen den beiden Aufträgen, in deren Zeichen menschliches Leben steht: die Welt zu meistern und zu gestalten im Werk und zu reifen auf dem inneren Weg, muss sich mit dem Alter eindeutig zugunsten des inneren Weges verschieben. Der Sinn des Alters ist nicht Leistung, sondern Reife."[33] Diese grundlegende Umorientierung ist es also, die während des beginnenden Alterns allmählich vollzogen werden muss, soll dem Alternden die ihm zugedachte Aufgabe gelingen.

Nichtstun, Zeit verstreichen lassen: Dies als Chance, gar als Aufgabe zu erleben, erscheint demjenigen, der gerade aus der beruflichen Leistung entlassen ist, geradezu widersinnig. Der innere Drang richtet sich aufs „Weitermachen". „Ich kann mich doch nicht einfach hinsetzen und nichts tun!" Unvorstellbar! Was soll das denn auch für einen Sinn haben? „Dolce far niente"? Vielleicht einmal kurzfristig unter einer südlichen Palme, dann aber müssen wieder Unternehmungen und Animationen auf Trab halten. Gibt es denn überhaupt so etwas wie ein lohnendes Leben im Jetzt, ohne dass Hirn und Hände etwas „leisten"?

Nun geht es ja nicht darum, von heute auf morgen in eine rein rezeptive Haltung, gar in eine andauernde „Wesensschau" zu verfallen. Diese plötzliche Wendung wäre allzu erzwungen. Zudem stellt uns der Alltag noch genügend Aufgaben, die erledigt sein wollen. Gleichwohl kann sich bei denjenigen, die sich wirklich auf den neuen Lebensabschnitt und die vermehrt zur Verfügung stehende Zeit einstellen, eine beschaulichere Weise des Lebensvollzugs zwischen Rastlosigkeit auf der einen, Lethargie auf der anderen Seite entwickeln. Voraussetzung ist allerdings, „leere Zeit" auch tatsächlich leer zu lassen und aufmerksam zu sein auf das, was in dieser „Leere" geschieht. Generell wird sich eine Verlangsamung einstellen. Ich möchte ihre Bedeutung für ein Reifen spürbar machen, indem ich zum Nachdenken darüber einlade, wie sich menschliche Grundfunktionen wie z. B. das „Gehen" oder auch das „Sehen", wenn sie sich verlangsamen, verändern können. Es ist ja im nachberuflichen Alltag in der Regel nicht mehr nötig, sich ausschließlich zielgerichtet und unter Zeitdruck an einen Ort zu begeben, an dem etwas zu erledigen ist. Die Hektik der Bewegung kann sich mindern. Unser Leib, der bisher offenbar nur dazu da war, uns zu einem Ziel zu bringen, darf in der verlangsamten Fortbewegung „sein", seine Bewegung spüren. Und warum nicht einen Umweg durch den Park nehmen? Auf der Brücke über den Fluss stehen bleiben? Dem Markttreiben zuschauen? Eine Stunde in einem Café verweilen? Es ist doch gleichgültig, ob ich für einen Gang eine oder zwei Stunden benötige. – Für viele klingen diese bescheidenen Beispiele bereits wie eine Provokation. Sie haben Jahrzehnte unter der Maxime gelebt, Zeit nicht „vertrödeln" zu dürfen, wenn nicht gar immer noch eine innere Stimme aus Kinderzeiten unwillig befiehlt, nicht „herumzutrödeln". Und im übrigen: Was bin ich denn noch wert, wenn es völlig egal ist, wie lange ich unterwegs bin und wann ich heimkehre? Man braucht offenbar weder meine zielgerichtete Leistung, noch mich selber mehr! Ich gehöre also doch „zum alten Eisen"! Und schon ist die produktive Haltung des Nichtstuns umgekippt in eine Grundstimmung mit depressiver Färbung. Folglich nicht wie ein Opa, eine Oma „durch die Gegend schleichen", die Haltung straffen und zügig das Notwendige erledigen! „Des Menschen Bestimmung ist Tätigkeit" (Goethe!!). Jawohl, da geht es uns gleich besser! – Dieses Hin und Her wird sicherlich länger andauern, ehe wir uns mit der „leeren Zeit" wirklich anfreunden und die Schätze der Langsamkeit entdecken können.

Ein solcher Schatz fällt uns zu, wenn sich auch unser Sehen verändert. In der Regel dient es ja einer flüchtigen Orientierung in einem Umfeld, auf das wir dann rasch reagieren können. Es blendet alles, was nicht zielgerichtet ist, aus. Wenn wir unsere Steuererklärung abgeben, ist es nicht von Belang, wer der Finanzbeamte als Mensch eigentlich ist, wenn er uns nur einigermaßen freundlich begegnet und auf unser Anliegen sachgemäß reagiert. Aber vielleicht verschenkt diese Betrachtungsweise allzu viel. Vielleicht hätten wir nun Zeit, die Begegnung, wie kurz sie auch sei, „ganzheitlicher" wahrzunehmen: z. B. dass sich in Gesicht, Stimme, Bewegung ein Mensch kundtut, von dem wir sogar durch Bilder auf seinem Schreibtisch oder an den kargen Wänden etwas von seinem sonstigen Leben, von seinen Neigungen und Wünschen, erfahren können, ohne dies zum Thema zu machen. Wir nehmen es lediglich zu uns, achten ohne Urteil auf unseren inneren Widerhall und haben womöglich wieder ein winziges Mosaiksteinchen aus dem Kaleidoskop des Lebens sehen dürfen. – Alternde sind nach meiner Meinung besonders darin bevorzugt, Zeit zu haben, um ihr Sehen in ein Schauen zu verwandeln, in eine sinnende Betrachtung, die sich schließlich auch den kosmischen Vorgängen zuwenden wird. Wem es gelingt zuzuschauen, wie es Abend wird, wie der Tag im Morgengrauen wiederkehrt, wie ein Fluss fließt, Wolken ziehen, das Licht, durch

Laub fallend, auf der Erde spielt, dem kündigt sich eine neue Zeitrechnung an.

Von Zugchörigkeit zu Fremdheit

Ich sitze in einem Straßencafé. Am Nebentisch eine Gruppe junger Leute, Studierende an einer Fachhochschule, wie ich heraushöre. Ich freue mich, wie lebendig sie sind, wie sie mit lebhaften Gesten und bewegter Sprechweise erzählen, wie herzlich sie lachen können. Dann aber höre ich genauer zu. Augenblicklich wird der „Schulstress" abgehandelt, die letzten Klausuren und die mehr oder minder blöden Reaktionen der Lehrer auf die Ergebnisse. Aber schnell ist man auch im Gespräch wieder woanders. Nun geht es um das „Red Horse", offenbar eine Disco, und die Erlebnisse vom letzten Samstag. Englischsprachige Titel, die momentan „in" zu sein scheinen, fliegen hin und her, der „geile Sound" der „Band" wird gepriesen. Dann tauscht man unter viel Gelächter die interessanten Beziehungsneuigkeiten aus: Wer mit wem, warum oder auch warum nicht. Und schließlich können sich die jungen Männer nicht genug tun, das promillereiche, für einige „böse" Ende im Morgengrauen in allen unappetitlichen Details auszumalen.

Während ich zuhöre, bemerke ich, wie ich in eine immer größere Distanz zu den jungen Leuten gerate. Sie scheinen längst nicht mehr am Nebentisch zu sitzen, sondern bereits in einer anderen Welt. „Wie ist mir das alles fremd", geht mir durch den Kopf. Nicht, dass ich vor vielen, vielen Jahren nicht auch in einer sehr ähnlichen Welt gelebt hätte. Nicht, dass ich irgendetwas verurteilenswert fände. Nur lebe ich mittlerweile in einer ganz anderen Welt. Was mir irgendwann einmal vertraut gewesen sein mag, ist mir nun sehr fremd. Ohne ein Gefühl des Bedauerns, ausgeschlossen zu sein, empfinde ich mich in der Welt der jungen Leute längst als ein Fremder.

Bin ich denn schon ein „oller Mann", wie ihn K. Tucholsky beschreibt? Sprechen so die Fachhochschüler von mir? Vier Strophen des Gedichts seien wiedergegeben:

Ein alter Mann ist stets ein fremder Mann.
Er spricht von alten, längst vergangenen Zeiten,
von Toten und verschollenen Begebenheiten ...
Wir denken: „Was geht uns das an –?"

In unser Zeitdorf ist er zugereist.
Stammt aber aus ganz anderen Jahresländern,
mit andern Leuten, andern Taggewändern,
von denen du nichts weißt.

Sein Geist nimmt das für eine ganze Welt,
was ihn umgab, als seine Säfte rannen;
wenn er an Liebe denkt, denkt er an die, die längst von dannen.
Für uns ist er kein Held.
....
Für uns ist er ein Mann von irgendwo.
Ihm fehlt sein Zeitland, wo die Seinen waren,
er spricht nicht unsre Sprache, hat ein fremd Gebaren ...
Und wenn wir einmal alt sind und bei Jahren:
Dann sind wir grade so.[34]

Noch fühle ich mich etwas zu jung, um mich ganz mit diesen Zeilen zu identifizieren. Aber eine Stimme in mir wird lauter, die mit Tucholsky spricht: Stammend „aus ganz anderen Jahresländern" bin ich in das „Zeitdorf" der Gegenwart „zugereist". Mehr und mehr fehlt mir mein „Zeitland", wo die Meinen waren, die noch meine Sprache sprachen und verstanden. Ich sehe mich um und spüre Fremdheit.

Bringen wir Alternden eine Gabe aus unserem weiten „Zeitland" für das „Zeitdorf" der Gegenwart mit? Ich wünsche von ganzem Herzen, der amerikanische Autor Th. Roszak behielte Recht, dass die Alternden durch ihre bloße Anzahl die Gesellschaft revolutionieren werden. Was andere „Vergreisung" nennen, wird bei ihm positiv gewertet. „Durch den wachsenden Anteil von Senioren an der Bevölkerung" – so die Wiedergabe durch J. Hillman – „verschiebt sich das Gleichgewicht zugunsten von Werten, die ... älteren Menschen am meisten am Herzen liegen: Linderung des Leidens, Gewaltlosigkeit, Gerechtigkeit, liebevolle Zuwendung und die Erhaltung ‚der Gesundheit und Schönheit des Planeten'."[35]

Indes, nicht nur die Generationen und die Zeiten rücken für Alternde auseinander, sondern offenbar auch Schichtmilieus. Auch hier mehren sich Gefühle, fremd zu sein und das Eigene suchen zu sollen. Ein Freund, Endfünfziger, Berater, wohnhaft in einem kleinen Landstädtchen, erzählte mir kürzlich etwa Folgendes: „Du weißt ja, ich breche gerne mal aus unserem homogenen Mittelstandsmilieu aus, um in andere Lebenswelten hineinzuschauen. Unlängst aß ich also in einer, zurückhaltend formuliert, etwas rustikalen Gaststätte in Bahnhofsnähe zu Abend. Am Tresen eine Gruppe von vier, fünf sogenannten gestandenen Männern von etwa Mitte 50. Sie waren mit dem Zug von der Arbeit gekommen, warteten auf den Bus, der sie in zwei benachbarte Dörfer bringen sollte, und löschten solange ihren Durst mit dem einen oder anderen Bier. Aus dem langen Tresengespräch wähle ich ein ganz unverfängliches Thema aus: die Herstellung von Apfelwein. Fast alle besaßen zu Hause im Dorf Apfelbäume, die in diesem Herbst reichlich trugen. Aus dem Ertrag sollte Apfelwein werden. Nun begann die Fachsimpelei, welche Sorten dazu geeignet seien, in welcher Weise man sie ernte, in welchen Mostereien die Äpfel gepresst werden könnten, wie und in welchen Gefäßen der Most angesetzt werde, wann die Gärung abzubrechen sei usf. Die Hingabe, mit der sie lautstark die zum Teil gegensätzlichen Erfahrungen austauschten und verteidigten, zeigte: Das war ihre Welt. Hier waren sie ganz und gar zu Hause und mit sich eins. In mir kam hingegen das Gefühl auf: In dieser Lebenswelt bin ich ein Fremder. Nicht, dass ich mich gegenüber den sympathischen Kumpanen am Tresen als besserer Mensch fühlte, ganz und gar nicht. So, wie sie waren, waren sie in Ordnung. Und auch Apfelwein schreckt mich nicht. Für einen geborenen Frankfurter ist dieses Getränk ja beinahe so etwas wie Muttermilch! Nein, nachdem ich als junger Sozialarbeiter „proletarische Milieus" geradezu idealisiert hatte, wusste ich jetzt mit Bestimmtheit: Das ist nicht meine Welt! Aber für welche Welt stehe denn ich? Nach Hause zurückgekehrt, nahm ich meine Gitarre von der Wand, spielte und sang alte und neue Lieder, griff dann nach einer Zeitschrift für Seelsorge, die gerade gekommen war, und fand darin sogar einen Aufsatz, der sich mit der Problematik eines meiner Klienten beschäftigte. Das also ist *deine* Welt, dachte ich. Und ich wünschte mir nur, ich könnte mich mit gleicher Hingabe wie die Männer am Tresen in meine Welt verlieren. Jedenfalls nahm ich mir vor, am nächsten Tage meinen Klienten mit besonders liebevoller Achtsamkeit zu begegnen. Und abends werde ich ein Lied über die Männer am Tresen und mich schreiben. Es ist wohl so: Fremdheit führt nach Hause!"

Mit wachsendem Alter werden offensichtlich Vermischungen der Lebensalter und der Milieus, so wünschenswert sie uns auch manchmal erschienen, seltener. Der umherstreifende Blick macht klar, dass wir hinsichtlich vieler Milieus mehr, als wir es je dachten, Fremde sind oder doch geworden sind. – Das Gefühl der Fremdheit überrascht uns mit zunehmendem Lebensalter jedoch auch im eigenen Milieu: Eines Morgens rühren wir in der Kaffeetasse und fragen uns, was das eigentlich für ein Mensch ist, der uns gegenübersitzt. Haben wir ihn wirklich je gekannt? Haben wir je tatsächlich gewusst, wer er ist? Und heute sitzt dieser sonst so vertraute Mensch da drüben und ist ganz weit weg. Dass ich in diesem Moment allein bin, gibt mir nicht einmal einen Stich. Im Gegenteil, ein geheimer Sog zieht mich in diese Fremdheit, immer weiter weg. Bis mich ein Gefühl anweht: Ich bin ich selbst, für mich … Zugegeben, diese Momente sind nicht allzu häufig, erfüllen uns oftmals auch mit Scham, weil wir eine Atmosphäre der Vertrautheit aus eigenem inneren Antrieb verlassen haben. Wir möchten ja auch nicht wehtun! Wie aber, wenn es dem Gegenüber genauso ginge, ab und an?

Und eines Morgens stehen wir vor dem Spiegel, lassen Rasierapparat, Zahnbürste oder Kamm sinken und schauen uns ins Gesicht. „Wer bist du eigentlich?" Personendaten, die in Fragebögen erhoben werden, ziehen vorbei, Rollen, über die wir uns lebenslang definiert haben, fallen ab, Bande der Liebe und der Freundschaft, die uns Anerkennung und Selbstzufriedenheit brachten, halten uns im Tiefsten nicht mehr. So nackt bin ich mir fremd. Wenn das alles nicht wichtig ist, was ist dann von Belang? Ich schaue und schaue, aber mein innerster Kern ist verhüllt wie eine Monstranz. Sätze tönen in meinem Kopf: „Werde, der du bist!", fordert ein Psychologe[36] sokratisch; „Suche dein ‚wahres Selbst'!", mahnt ein Spiritueller; „Ergründe, wie Gott dich gemeint hat!", rät ein Freund. Das mögen alles gute und verheißungsvolle Wege sein. Aber wer ich wirklich bin, was meine Wahrheit ist, und wie ich gemeint bin, das wird wohl immer ein mir voraus liegendes Geheimnis bleiben. Und auch, wenn die Gefahr besteht: Fremdheit führt nicht notwendigerweise in kalte, äußere Isolation, sondern macht wach für innere Heimat. Ich werde mich deshalb als Alternder noch einmal auf den Weg machen, *dorthin*, auch wenn ich niemals ankomme.

Das „Wanderer-Motiv" klingt an: „Fremd bin ich eingezogen, fremd zieh' ich wieder aus."[37] Oder wie es in der Bibel steht: „Denn wir haben hier keine bleibende Stadt, sondern die zukünftige suchen wir."[38] Wir Alternden wissen: Alle unmittelbare Zugehörigkeit geht dahin, aber Fremdheit öffnet die Pforten zu jenen Zeitländern der Zukunft, die Heimat verheißen. Und was wir heute schon, undeutlich noch, durch die Tore hindurch sehen, das sollten wir aus übervollem Herzen – verschenken.

Vom Aufhäufen zum Loslassen

Vor einiger Zeit unterhielt ich mich mit einer lieben Bekannten, 62, nicht eben unvermögend, über unseren jeweiligen Hausstand. Wir waren uns einig, dass in unserem Alter die Zeit des Aufhäufens vorbei, vielmehr langsamer Rückbau angezeigt sei. In ihrer heftigen Art schwor sie heilige Eide, nie mehr auch nur das Geringste von ihren Reisen mitzubringen, was sie bisher reichlich getan hatte. Und dann fuhr sie eines Tages nach Prag, fand sich ganz zufällig, wie sie sagte, vor einem Antiquitätenladen wieder, und ihr Blick fiel, ganz zufällig, auf einige ausgesucht schöne böhmische Gläser. Als sie mir, wieder zu Hause, die in der Tat bemerkenswerten Gläser zeigte, meinte sie schuldbewusst, sie habe einfach nicht widerstehen können. Das ändere natürlich grundsätzlich nichts an ihrer Absicht ... Es ist offenbar gar nicht so einfach, den Einstieg in den Ausstieg zu finden!

Über lange Zeiten hinweg führt man, so scheint es, das Leben eines „Jägers und Sammlers". Der notwendige Grundbestand an Haushaltsartikeln, Kleidung und Bildungsmedien ist bald erreicht, wenn nicht gar früh schon überschritten. Trophäen von Reisen, von der ostafrikanischen Machete bis zur Keramik aus dem Elsass, füllen Schränke und Vitrinen. Die Bücherbestände werden stillschweigend ergänzt: ein jüngst erschienenes Fachbuch, ein neuer Roman, ein Bildband. Von den „Tonträgern" wage ich schon gar nicht erst zu reden, von Bildersammlungen und Fotos desgleichen. Und auch nicht von den hinzukommenden Erbstücken: dem zwölfbändigen Konversationslexikon von Tante Erna, den schönen, farbigen „Römern" von Großmutter ... Über viele Jahre gehen wir ganz gedankenlos mit den Zuwächsen um, häufen alles auf, Jahr um Jahr, bis sich die Frage meldet: „Was brauche ich wirklich noch zum Leben?"

Nun beginnt das Aussortieren, vielleicht zunächst in Gedanken, nach und nach aber auch praktisch. Mit dem Kleiderschrank ist man vielleicht schnell durch. Vieles ist entbehrlich, bis auf die kleine Lederweste aus den „starken Zeiten" oder das erste Ballkleid, sie sollen bleiben. Dann die Bücher. Ganze Abteilungen sind inzwischen nutzlos. Was werde ich noch brauchen? Was bedeutet mir noch etwas? Noch. Und warum habe ich mich überhaupt mit soviel Schriftgut umgeben? Welche schriftliche „Präsenz des Geistes" ist für meine Person, wie sie jetzt ist, noch notwendig? Noch!

Immer wieder dieses Noch. Man kann nach und nach alle kleineren und größeren Besitztümer durchgehen, dieses Wort meldet sich immer wieder. Und endlich wird man nicht drumherum kommen festzustellen, dass die letzte Phase des Lebens um 60 herum anzubrechen beginnt, die Zeit des Aufhäufens vorbei ist und das Loslassen geübt werden will, bis eines Tages, wenn auch noch in einiger Ferne, auch das Leben loszulassen ist. Dieser Ernst tritt an die Stelle jahrelanger Gedankenlosigkeit und lässt uns das, was wir um uns aufgehäuft haben, all die Requisiten des verflossenen Lebens, noch einmal mit besonderer Liebe betrachten, ehe wir das eine oder andere, vielleicht sogar das meiste, dahingehen lassen. Wer nie an etwas hing, kann auch nicht mit innerem Gewinn loslassen. Wer nicht sein Leben mit allen Fasern seines Herzens liebte, wird es nicht in Dankbarkeit zurückgeben können. So sollten wir das Loslassen mit Bedacht üben, bis wir zu jenem Bestand kommen, den wir für unseren Körper und unsere Seele noch brauchen. Loslassen heißt ja nicht, den Besitz in formaler Kälte zu reduzieren bis auf die unabdingbaren Utensilien wie Tasse und Teller. Positiv gewendet heißt Loslassen, jenen kleinen nützlichen und geliebten Bestand zu finden, der uns noch begleiten soll.

Indes, was heißt eigentlich „besitzen"? Kann die Art, wie ich etwas besitze, in tiefer Weise das Loslassen bereits einschließen? Kann man Besitz besitzen, als besäße man ihn nicht? Heißt Loslassen mehr als Aussortieren? Ich muss dazu eine Geschichte erzählen. Sie handelt von einem unwesentlich jüngeren, guten Freund, als Lehrer in Mittelschweden tätig, der nach meiner Ansicht im Tiefsten ein spirituelles Leben führt, ohne es selber recht zu wissen. Vor einigen Jahren hat er ein kleines Anwesen gekauft, dem seine ganze Liebe gilt. Es liegt auf einem gewölbten Granitschild mitten in der Landschaft, umgeben von Feldern, die wiederum der Wald umsäumt. Es war längere Zeit nicht bewohnt, die Gebäude befanden sich daher nicht in allerbestem Zustand. So machte sich der Freund ans Werk, die Gebäude zu renovieren, die Gärten zu bewirtschaften und dem gesamten Gelände eine Gestalt zu geben. Das neben dem neueren Wohnhaus ebenfalls auf dem Gelände stehende alte Bauernhaus, ein Holzbohlenhaus, restaurierte er liebevoll, legte einen Gemüsegarten im Westen und einen Obstgarten im Osten an. Schließlich pflanzte er die ganze Auffahrt hinauf eine Lindenallee und schloss das Gelände nach Westen durch eine lichte Birkenreihe ab. An allem merkte man, wie sehr er diesen „Platz", wie er häufig sagte, liebte, wie hegend er sich den Gebäuden und der Erde zuwandte. – Ich kam ins Nachdenken: Warum tut er das alles? Die Lindenallee wird er als solche kaum noch erleben, die Birkenreihe als Westabschluss auch nicht. Und das Holzbohlenhaus? Es war so beschädigt, dass man es auch hätte ersetzen können. Meine erste Antwort darauf, er wolle das Anwesen eben in einem anständigen Zustand vererben, zielte erheblich zu kurz. Nach und nach merkte ich, dass der Freund sich zwar nach dem Recht dieser Welt als Besitzer ansah, in einem tieferen Sinne aber als eine Art Verwalter, der diesem „Platz" dient. Er zollt dem, was auf diesem „Platz" war, dem kulturellen Erbe in Gestalt des alten Holzbohlenhauses, ebenso Respekt wie der Zeit, die nach ihm sein wird. Er selber ist offenbar nach seinem Empfinden nur eine kleine Zeit an diesem

„Platz", der ihm zur Hege überlassen, in einem spirituellen Sinne nur geliehen wurde. Und es ist sein kleiner Anteil am immerwährenden Prozess des Werdens und Vergehens, den „Platz" zu empfangen, dort, diesen hegend, zu leben und ihn eines Tages zurückzugeben.

Das ist nun in der Tat eine ganz andere Sicht auf das, was wir im Großen wie im Kleinen besitzen. Sie zertrümmert die Ineinssetzung von Besitz und Person. Im Alltag denken wir doch im allgemeinen schnell in Kategorien des Rechts: Das ist mein Besitz, er gehört mir, ich habe darüber Verfügungsgewalt, ich kann ihn aufhäufen und loslassen, wann ich will. Ich, ich, ich! Man muss Sichtweise und Wortwahl des Freundes nicht unbedingt teilen, um nachdenklich zu werden, wenn er dagegen etwa sagen würde: „In einem tieferen Sinne ist das alles nicht dein Besitz. Er gehört einer Weltordnung an, die deine Person bei weitem übersteigt. Du hast keine beliebige Verfügungsgewalt über dieses Lehen. Du hast es zu verwalten nach den Prinzipien jener Weltordnung, wenn du sie denn vernimmst. Und endlich, wenn deine Aufgabe erfüllt ist, gib auch dein Leben zurück. Es ist dir ja auch nur geliehen."

Vom Unterhaltsamen zur Stille

Schon vor etlichen Jahren erschien ein überaus lesenswertes Buch auf dem deutschen Markt mit dem knalligen Titel „Wir amüsieren uns zu Tode". Der amerikanische Informationstheoretiker N. Postman hat es geschrieben. Seine Kernthesen besagen, der öffentliche Diskurs habe die „Form des Entertainments" angenommen, er sei zu einer „Sparte des

Showbusiness" verkommen.[39] Alles und jedes im öffentlichen Leben werde an seinem Unterhaltungswert gemessen, ob das nun Wahlkämpfe seien oder Evangelisationen. Nicht der tatsächliche Inhalt der Information sei von Bedeutung, sondern die Frage, ob sie ein gutes Gefühl gebe, ob sie unterhalte. Die marktkonform bearbeiteten Informationen richteten sich nicht an den kritischen Verstand, sondern an das Unterhaltungsbedürfnis der Adressaten. Wenn an dieser Analyse wenigstens einiges dran ist, dann sind ihre Konsequenzen geradezu katastrophal: Eine angeblich einigermaßen aufgeklärte Gesellschaft mit einer Fülle von Informationen gehorcht weitgehend irrationalen Grundmustern. Es scheint illusionär, unter diesen Voraussetzungen eine auf begründete Entscheidungen der Bürger sich stützende Demokratie etablieren zu wollen.

Im Zusammenhang meiner Überlegungen interessiert mich vor allem die Subjektseite des von Postman analysierten Prozesses: die offensichtliche *Unterhaltungsbedürftigkeit* von uns allen. Und was „amüsieren" und „Tod" in kleiner Münze unserer Alltage bedeutet. – Ein kleines Beispiel aus der Unterhaltungsbranche: Während ich mein Abendessen bereite, schalte ich manchmal das Radio ein und wähle den Sender für die etwas ältere Generation bei uns im Hessenlande. Die Moderatorinnen und Moderatoren der musikalischen Sendungen sind für einsame Stunden am guten alten Dampfradio in der Tat Unterhaltungskünstler der Spitzenklasse: Petra mit der rauchigen Stimme möchte mit mir, dem Hörer, „ein wenig plaudern". Dieter hängt an seine sanften Sätze immer so ein Zustimmung heischendes „Hm?" dran, so als säßen wir, er und ich, beim Heurigen, und er gäbe mir einen winzigen, vertraulichen Rippenstoß. Heinz-Günther ist der Frechdachs, auch ein bisschen der

Clown. Seine Stärke sind die schnellen, witzigen Wortspiele. Einfach amüsant! Aber Barbara ist Extraklasse, die Tierliebhaberin mit der leicht angebrochenen Stimme, die reife Frau mit viel Lebenserfahrung und der untergründigen „message", dass alles nicht so tragisch ist, wie es klingt. Ihr schlägt mein „Urvertrauen" entgegen.

Eine Bekannte brachte es kürzlich auf den Punkt. Sie besuchte mich eines Tages zur Abendbrotzeit, wir hielten uns in der Küche auf, das Radio brachte Unterhaltungsmusik mit eingestreuten Moderationen der genannten Art und zu bestimmten Zeiten Verkehrsnachrichten. Wieder einmal wollte Petra mit uns „plaudern", und meine Bekannte, lebhaft und immer zu Späßen aufgelegt, nahm sie beim Wort: „Hallo, Petra! Nett, dich wieder zu hören. Du, ich hab' da was Dolles erlebt ... Wie? Kühe auf der Autobahn? Äh ..., irgendwie haben wir uns verpasst!" Wir mussten lachen, ich stimmte in die bizarre „Unterhaltung" mit ein, und es ergab sich eine Zeit lang ein köstliches Küchenkabarett. Dann aber kamen wir in ein ernsthaftes Gespräch über die Funktionen medialer Unterhaltungsangebote.

Zunächst gingen wir der Frage nach, auf welche Bedürftigkeit diese Sendungen antworten. Wir meinten, sie seien eine Antwort auf Unbehaustheit, auf das defizitäre Gefühl, allein zu sein, auf Unterversorgung an Zuwendung, auf Mangel an Vertraulichkeit, ja an Vertrauen ins Leben. Versucht werde eine gleichmäßige, stabilisierende Zufuhr, deren Schein schwer zu durchschauen sei. Denn wirklich seien diese Menschen ja nicht da. Plaudern und Austausch seien nun einmal nicht möglich. Es bestehe keine Chance, in irgendeiner Art Stellung zu nehmen, das Angebot zu erwidern oder ihm zu widersprechen. Wir würden lediglich angenehm „überströmt". Genau genommen, spiele unsere Person gar keine Rolle, sie könne ja gar nicht zur Kenntnis genommen werden, sondern scheine einfach unterzugehen.

Wir vermuteten hinter den genannten Wünschen noch eine grundlegendere Bedürftigkeit, nämlich jene, sich zu vergewissern, dass es außerhalb unserer Person überhaupt noch eine Außenwelt, eine Realität gebe, keine bloße Leere, sondern eine Lebenswelt, die auf uns Wert lege, der wir zugehörten. Ob angenehm, belanglos oder störend, sie sei wenigstens da. Nur so konnten wir, über musikalische Sendungen und deren Moderation hinausgehend, im Tiefsten die Einverleibung völlig sinnloser Informationen und vieler Scheußlichkeiten verstehen, wenn auch sicher noch andere Erklärungsansätze Aufschluss gäben. Die Erörterungen Postmans aufnehmend, versuchten wir, eine bündige Antwort darauf zu formulieren, was „amüsieren" und „Tod" im Zusammenhang unserer Überlegungen bedeuten könnten, und kamen zu folgender These: Wir versuchen, durch „amüsante" mediale Zufuhren auf unterhaltsame Weise Vertrauen ins Leben und Teilhabe an der Welt zu begründen. Aber das Gewährte ist oftmals Schein, und abhanden, „zu Tode", kommt immer mehr, was unsere eigene Person ausmacht.

Dieses eine Beispiel und die etwas plakativen Verstehensversuche sollen genügen, um den Unterhaltungswert des öffentlichen Diskurses und unsere Unterhaltungsbedürftigkeit, bezogen auf unseren Alltag, wenigstens zu einem bedenkenswerten Thema zu machen. Es mag sich jeder selber fragen, welchen Unterhaltungswert für ihn das Fernsehen, die Zeitung, die Musikanlage, der Videorecorder oder das Internet haben, welchen Unterhaltungswert verschiedenste Veranstaltungen oder Geselligkeitskreise bieten. Und jeder mag selbst überprüfen, wie sich jeweils nützliches Wissen und Unterhaltungswert zueinander verhalten.

In meinem Bekanntenkreis ist die mediale Überversorgung oft Thema. Neulich sagte Fred zu mir: „Du, wir haben unsern Fernseher abgeschafft. Uns ging einfach zuviel Zeit verloren." Und ein wenig gereizt fügte er hinzu: „Bilder brauchen wir keine, wir haben selbst Vorstellungsvermögen!" – Vor einiger Zeit haben wir uns in einer abendlichen Runde köstlich amüsiert über „Bertis Kampf mit dem Knopf", den Berti anschaulich darzustellen wusste. Manchmal sitze er abends vor dem Fernseher und sehe sich irgendeine Sendung an, die ihn langsam anöde. Mit etwas schlechtem Gewissen zappe er sich dann andere Programme ins Haus, obwohl er wisse, dass dies nur geschehe, um auf irgendeine Weise noch ein wenig länger unterhalten zu werden. Zuweilen finde er dann ja auch eine Sendung, die man als politisch interessierter oder gebildeter Mensch keinesfalls auslassen dürfe. In diesem Fall habe er ein Alibi. Werde ihm dieses aber verweigert, beginne er mit dem Gedanken zu spielen, den Knopf zum Abschalten des Geräts zu betätigen. Meist suche er sich einen Tiefpunkt der Sendung aus, um aufzuspringen und den Knopf zu drücken. Begleitet werde diese spontane Aktion von einem Gefühl tiefer Empörung über den „Schund" im Fernsehen. Wenn er aber ganz ehrlich gegenüber sich selber sei, dann spüre er, neben der Enttäuschung, nicht angemessen versorgt worden zu sein, auch eine gewisse Wut auf seine eigene Bedürftigkeit, die ihn an die Flimmerkiste binde. Auch die bekäme der Knopf ab. Der erste Moment der Stille gehöre dann einem kleinen Triumphgefühl, nämlich, sich von diesem unsäglichen „Schund" befreit, fast möchte er sagen „gereinigt" zu haben und der eigenen Bedürftigkeit, unterhalten zu werden, nicht in solch erniedrigender Weise erlegen zu sein. Aber dann! Wenn er die nächste Viertelstunde still auf seinem Platz sitzen bleibe, habe er gewonnen. Er komme dann in eine Stimmung der Muße und Gelassenheit, schlendere ums Haus, mache einen Gang durch den Garten, atme die frische Abendluft und sei zufrieden. Oftmals gelänge es ihm aber auch nicht, die Viertelstunde auszuhalten. Dann dränge es ihn in das Zimmer seiner Frau, die in den Abendstunden gerne noch ungestört an ihren Artikeln schreibe, oder er greife hastig nach einem Buch, lege eine CD auf oder durchsuche nervös die Zeitung nach bisher Ungelesenem.

Am interessantesten erscheint mir jener Moment der Stille, der eintritt, nachdem der Knopf seine Schuldigkeit getan, das Bild erloschen, der Ton verklungen ist. Typischerweise existiert für die Unterhaltungssendungen des Hörfunks das eiserne Gesetz, keinerlei Pausen, keine Löcher, keine ernüchternde Stille entstehen zu lassen. Die Sendung muss „durchhörbar" sein, wie es heißt. Ein Musikstück muss ans andere unmittelbar anschließen, teilweise werden sogar der Schluss des letzten und der Anfang des nächsten Stücks überblendet, und auch der Moderator sollte sich lückenlos einpassen. Droht von der Stille Gefahr? Entlarvt sie den Schein?

Ganz nebenbei fällt mir ein, wie bisweilen klassische Musik gerade von Pausen lebt. Ich denke z.B. an die atemberaubenden Pausen in F. Schuberts Sinfonie Nr. 8, der „Unvollendeten": Es sind Momente angespanntester Erwartung eines Neuen, das wie eine Katastrophe hereinbricht, nachdem der schöne Gesang in unendlichen Wiederholungen zu Ende gesungen, die letzten Strahlen des Tages auf biedermeierlichem Ambiente erloschen sind. – Ein Stück „Klassik" soll uns auch zum nächsten Gedanken führen. Wir erinnern uns: In L. an Beethovens „Fidelio" schmachtet Florestan im Verließ. Er erwacht aus einer Ohnmacht und singt, langsam zu sich kommend, die bewegende Arie „Gott, welch Dunkel hier ...". Recht bald nach Beginn heißt ein Satz: „... nichts, nichts lebet außer mir." Es folgt eine klarsichtige Lebensbilanz und schließlich die Vision der Befreiung. Mir will scheinen, als seien zuweilen die Momente äußerster Stille, in denen wir nur noch uns selbst haben, auch jene, die uns unsere Visionen von einem Leben jenseits aller Verließe zurückbringen.

Ich gebe zu, es ist riskant, in die Stille zu gehen, in der nichts lebt, außer uns selbst. Schon kurze Zeiten der Stille, in denen wir uns an nichts klammern können, sind, wie Bertis Bericht zeigt, für die meisten schwer auszuhalten. Eine Freundin, die begann, sich in der Stillemeditation zu üben, klagte mir vor einiger Zeit, ihr komme ja nur Banales in den Kopf, wo sie doch auf Wesentliches gehofft hatte. Und sind die Banalitäten des Alltags durchdekliniert, warten in der Stille die eigene Person und das eigene Leben darauf, angeschaut zu werden. Sich selbst im Spiegel der Stille zu erblicken, sich in Phantasien und Träumen agieren zu sehen, sich denkend zu erleben, in der Leere auszuharren, all das ist nicht immer gleich erbaulich. Zarathustra, der mit seinem Adler und mit seiner Schlange ins Gebirge zog[40], hat sich auch kein Getier zu seiner Begleitung gewählt, mit dem man unterhaltsame Geselligkeit pflegen würde. Stille, in welcher Form auch immer, lässt die eigene Person, durch Berge von Abraum hindurch, transparent werden, zuweilen bis auf den Grund.

In meiner Sicht ist keine Lebensphase so geeignet, den Raum der Stille zu betreten, wie die Zeit des beginnenden Alterns. Was viele in diesem Alter als eher leidvolles Zurückgeworfensein auf das eigene Selbst erleben, könnte ja auch die nicht unbedeutende Chance bieten, ein Leben in stiller Weite nun erst beginnen zu können. Der anklammernde Griff lockert sich, das Alleinsein fällt leichter, die Lebensgeschichte tritt weniger ängstigend vor Augen und das Gefühlsleben, wie bizarr es bisweilen auch sei, stürzt kaum noch in Krisen. Fragen nach dem Verstehen des Ganzen, nach dem geheimen Zusammenhang, nach Sinn stellen sich unüberhörbar. Und die Ahnung verstärkt sich, dass man all das im medialen Angebot kaum wird finden können. Vielleicht aber dort, wo das Alltagsspiel unterbrochen wird: in der Stille.

Von äußerer zu innerer Welt

Manchmal versteht man vom Ende her die Anfänge besser. Ich möchte deshalb von den letzten Lebensjahren meines Großvaters berichten. Er starb mit 90. Etwa vom fünfundachtzigsten Lebensjahr an, nach dem Tod seiner Frau, lebte er in unserer Familie. 1880 in Niederschlesien geboren, schlug er als überzähliger Bauernsohn eine Militärlaufbahn ein, nahm nach zwölf Jahren seinen Abschied und wurde „Gendarmeriemeister" in Hinterpommern. Bei Kriegsende geriet er in polnische Internierung, konnte sich aber bald darauf unserer Familie, die inzwischen in Westdeutschland lebte, wieder anschließen. Er lebte, zusammen mit seiner Frau, ein bescheidenes Leben zwischen Haushalt, Gärten und Kleintierzucht und blieb Wald und Flur stets verbunden. Ich habe ihn aus dieser Zeit als kräftigen, tätigen, erdverbundenen Menschen in Erinnerung, der uns Kindern häufig Geschichten aus der Welt pommerscher Güter oder aufregende Erlebnisse aus seiner Laufbahn als Landpolizist erzählte. In meiner Familie war er mir einer der vertrautesten Menschen.

Um so mehr bekümmert mich, dass er meinem Verstehen gründlich entglitt, als er sein hohes Alter erreichte, und ich mit noch nicht dreißig Jahren keine Möglichkeiten mehr hatte, mich in seine Lage einzufühlen. Erst jetzt, jenseits der 60, kann ich mich dem wenigstens annähern, was in ihm in seinen letzten Jahren vorgegangen sein mag. Großvater war im hohen Alter immer noch ein ziemlich rüstiger Mann, verließ ab und an die Wohnung zu Spaziergängen oder zum Kirchgang, las flüchtig die Zeitung, saß nun aber immer häufiger in seiner Sofaecke nahe dem Ofen und verstummte mehr und mehr. Es hieß, er sei schwerhörig, kriege nur noch wenig mit und beteilige sich deshalb auch zunehmend weniger am Familienleben. Heute frage ich mich, ob der Verdacht der Schwerhörigkeit, der medizinisch niemals überprüft wurde, wirklich in dem Maße zutraf. Manchmal vermute ich, dass alte Menschen zuweilen auch nichts mehr hören wollen, weil ihre Aufmerksamkeit sich auf anderes, nämlich Inneres, richtet. Wie dem auch sei, selbst damals bemerkte ich schon, dass das Seelenleben meines Großvaters durchaus lebhaft in Bewegung war. Da er von allem nichts äußerte, nehme ich an, dass ihn Erinnerungsbilder beschäftigten. Und dass diese Erinnerungsbilder seine volle Aufmerksamkeit erforderten. Wenn ich mich einmal zu ihm setzte, seine große Hand in meine Hände nahm, wie ich es seit Kindertagen gewohnt war, kam sein Blick langsam, wie aus einer anderen Welt, zu mir, und er lächelte. Vielleicht hatte sein Lächeln einen leicht melancholischen Schimmer, von Depression sprach es nicht. Trotz seiner Zurückgezogenheit auf sein Inneres entglitt ihm auch sein kleines Alltagsleben nicht.

Einen Blick in sein Inneres durfte ich an einem Sonntag tun. Großvater war katholisch, aufgewachsen im Dunstkreis des schlesischen Katholizismus. Ich begleitete ihn zur Hl. Messe. Bis heute steht mir vor Augen, mit welcher Urgewalt ihn der Vorgang der „Wandlung" auf die Knie riss, während er sein Gesicht in seinen Händen barg. Aber erst jetzt beginne ich zu ahnen, zu welcher Bedeutung das Heilige gegenüber dem Profanen anwachsen kann für den, der vom Leben weiß. Und wie groß die Sehnsucht nach eigener Verwandlung, ja Verwandlung aller Kreatur, werden kann.

Nun aber zu den Anfängen eines solchen Weges von der äußeren zur inneren Welt. Die Lebensphase des Voralters stellt hierin in meiner Sicht eine bedeutende Wendephase dar. Hatte sich in den späteren Phasen des Erwachsenenalters die Aufmerksamkeit noch stark nach außen gerichtet, auf gesellschaftliche Zusammenhänge, auf den Beruf, auf die Familie, auf Freunde und Bekannte, so wendet sich der Blick, erst sporadisch, dann doch immer häufiger, hin zur inneren Welt, zur eigenen Lebensgeschichte und zu Sinnwelten. Was war alles? Was bedeutet das alles? Wohin gehöre ich? In der Regel ist keinerlei Bruch zu spüren, vielleicht ein paar schnelle Rückungen, wenn vertraute Menschen von dieser Welt gehen. Gleichwohl, die Außenorientierung nimmt ab, die Innenorientierung zu.

Immer öfter haftet der innere Blick an Erinnerungen. Immer öfter ertappt man sich dabei, schon wieder eine Stunde bloß dagesessen und „alter Zeiten" gedacht zu haben. Die Erinnerung überkommt uns, wir brauchen gar nicht in unserem Inneren zu „graben". Wie Luftblasen aus dem Moder eines Sees, so steigen Erinnerungen an die glatte Oberfläche empor und ziehen Wohlgefühl oder Beunruhigung verbreitende Kreise. Verstärkt treten Erinnerungen zutage, wenn wir vertraute Orte unseres früheren Lebens aufsuchen: Landschaften, Straßenzüge, Wohnhäuser, in denen wir einst wohnten. Dann mag es sein, dass sich kleine Glücksmomente der Erinnerung einstellen. P. Ricoeur beschreibt sein Erleben beim Betrachten eines Fotoalbums: „Wenn ich ein Familienalbum durchgehe und ich Menschen wiedersehe, die ich geliebt habe und die gestorben sind, dann erkenne ich sie wieder. ‚Das ist sie wirklich', ‚das ist er wirklich'. Dieses kleine Glück der Wiedererinnerung ist das des Wiedererkennens, Wiederbelebens des Gedächtnisses, das ich als lebendige Präsenz des Abwesenden erlebe."[41]

Ich bin sicher, dass eine solche „lebendige Präsenz des Abwesenden" Alternde vor Düsternis der Seele bewahrt. Was hätte meinen Großvater, der niemals in einer Stadt hatte wohnen wollen und der nun in einer Mietwohnung im zweiten Stock eines Wohnblocks in seiner Sofaecke nahe dem Ofen saß, innerlich noch wärmen sollen, wenn nicht die Erinnerung an seine willkommenen Besuche auf pommerschen Gütern, an den zauberhaften See, zu dem er mit seiner Angel hinunterschritt, an sein Bienenhaus mit den zahlreichen Stöcken …? Letztendlich hat der Alternde und Alte keinen größeren Schatz mehr als die Erinnerung. Und aus diesem „Paradies" kann er in der Tat nicht „vertrieben" werden.[42]

Indes, sich von der Erinnerung überkommen zu lassen, ist nicht jedermanns Sache. Und das ist gut verständlich. Erinnert werden ja beileibe nicht nur die „kleinen Glücksmomente", sondern ebenso überzogene Ansprüche, Erniedrigungen, Leiden. Es kann ein Zuviel der Erinnerung geben. „Manchmal", so P. Ricoeur, „ist die unendliche Wiederholung derselben Erniedrigungen oder Forderungen, sowohl der Niederlagen als auch der Siege, also ihr repetitiver Charakter und diese Form des Verfolgungswahns durch die Vergangenheit das Haupthindernis der Erinnerung. Ein Gespenst ist ein Toter, der nicht beerdigt wurde. Und es gibt noch zahlreiche Tote, die auf ihre Grabstätten warten."[43] Vielfach bedarf es für Jahrzehnte, vielleicht für immer, eines Schutzschildes vor dem Grässlichen, dessen Anblick vernichtend ist und deshalb auch niemals mehr angesehen werden darf. Die letzte Regieanweisung in der Oper „Salome", bevor der Vorhang „schnell fällt", lautet: „Die Soldaten stürzen sich auf Salome und begraben sie unter ihren Schilden."[44] Manche werden einwenden, diese innere Dramatik sei ja wohl weit übertrieben. Von außen ist freilich nur die Glätte des Schildes sichtbar, spürbar aber Kälte, bisweilen Verzweiflung. Die Überwindung des Schutzschildes bedeutet mühevolle „Erinnerungsarbeit" (S. Freud), ehe die Gespenster schließlich begraben, die Erinnerungen zur Ruhe gebracht und befriedet sind.

Diesen steinigen Weg zu gehen, sind keineswegs alle Alternden bereit. Manche fürchten sich sehr, schmerzhafter Szenen wieder ansichtig werden zu müssen, in einen Abgrund von Traurigkeit zu stürzen, wenn sie in den Strom der Erinnerungen eintauchen. Es kommen vielleicht wieder all jene Szenen ans Tageslicht, in denen Situationen nur mit Mühe und Schmerzen zu meistern waren, alle Bedrängnis, alles Scheitern. Menschen tauchen im Innern wieder auf, die ihren Willen gegen den eigenen gewaltsam durchsetzten, die Verletzungen zufügten, Wunden, die nun gerade vernarbt schienen. Ist es unter diesen Voraussetzungen nicht verständlich, die Erinnerungen nach Möglichkeit weit von sich zu schieben, sich ganz an die Gegenwart zu klammern und aus deren Bewältigung stabilisierenden Gewinn zu ziehen? Aber die Widerstandskraft gegen die eigenen Erinnerungen lässt bei zunehmendem Alter nach, der alles verbergende „Deckel auf dem Topf" wird porös. Ab und zu und immer öfter schlüpfen Erinnerungsfetzen ins Innere und stiften Verwirrung. Und wenn sich der nicht mehr verarbeitbare schmerzliche Bestand dieser nicht befriedeten dunklen Erinnerungen mehrt, verdüstert sich auch die Seele. Die Bilanz: Das Leben ist danebengegangen, es hat nicht gelohnt, ich kann mich bestenfalls noch ein wenig an anderen rächen, sie tyrannisieren, quälen. Oder allein in fortdauernder Klage und Anklage das geliebte Unerreichbare retten.[45]

Andere wiederum überlassen sich allzu willig dem Strom der Erinnerungen, sie segeln auf einen Ozean innerer Bilder hinaus, der keine Ufer mehr kennt. Es sind die vielen, vielen Erinnerungen und inneren Vorstellungen, die vom schwer Erträglichen, von Krankheit, Alleinsein und der allzu klein gewordenen Alltagswelt erlösen. Bis zur Weigerung, an dieser reduzierten Alltagswelt noch teilnehmen zu wollen, vielmehr sich auf Dauer in den Erinnerungen und Phantasien einzurichten, sind es dann nur wenige Schritte.

Verweigerung oder Verabsolutierung sind also Gefahren, die sich beim Umgang mit den Erinnerungen einstellen können. Vereinfacht zusammengefasst, klammern sich im ersten Falle Alternde an die Gegenwart, da sie allzu Kränkendem aus der Vergangenheit nicht mehr begegnen wollen, vergeben damit aber auch die Chance, von dem in der Lebensgeschichte ja auch vorhandenen Beglückenden umfangen zu werden. Im zweiten Falle ziehen sich Alternde in die Erinnerung zurück, weil sie der Gegenwart nicht mehr gewachsen sind, und verlieren dadurch immer mehr den Kontakt zur Wirklichkeit.[46] Es scheint wahrlich nicht einfach zu sein, einen erfolgversprechenden, inneren Gewinn verheißenden Weg zwischen der Verweigerung der Erinnerung und ihrer Verabsolutierung zu beschreiten. Gleichwohl kann man einiges dazu tun, einen eigenen Pfad in der Nähe dieses verheißungsvollen Weges zu finden. Dreierlei ist dazu nach meiner Ansicht nötig:

Erstens wird man nicht drumherum kommen, sich die eigene Lebensgeschichte anzueignen, sich den heraufdrängenden Erinnerungen, auch den schmerzhaften, zu stellen, bis man dem Anblick des eigenen Lebenspanoramas einigermaßen standhalten kann. Schön wäre es, ohne großes Weh und Ach schließlich sagen zu können: „Ja, so war es. In meiner Lebenslandschaft sehe ich Höhen und Tiefen, Erhebungen und Abgründe, weite Steppen und saftige Wiesen, dunkle Wälder und klare Seen. Und darüber wölbt sich ein wechselvoller Himmel. Ja, so war es, das war mein Leben. Ich sage ‚Ja' dazu, und manchmal weiß ich, dass es einmalig und kostbar ist."

Zweitens ist Verwandlung des eigenen Selbst nötig. Sie richtet sich tief nach innen und weit nach außen. Damit, wie Hildegard von Bingen sagt, aus „Tränen Perlen werden"[47], gilt es, durch die seelischen Schmerzen hindurchzustoßen auf den Grund, auf dem das verhinderte Leben glänzt und zu neuer Ermutigung erwacht. – Damit so etwas wie eine „schöpferische Allverbundenheit" in uns einzieht, gilt es weiterhin, zu einer ans Überindividuelle und Zeitlose reichenden Entgrenzung der eigenen Person zu finden.

Drittens tut es gut, in symbolischen Sinngefügen – literarischen, künstlerischen, religiösen – beheimatet zu sein, die wie ein in uns bereitstehendes Behältnis die Lebenserfahrungen aufbewahren und sie uns verarbeitet zurückgeben; die wie eine Mutter, die die nicht zu bewältigenden Ängste ihres Kindes birgt und ihm Trost zurückgibt, Mut zum Leben spenden.[48] Wir müssen den für uns angemessenen Ort finden, an dem wir vor dem, was uns heilig ist, unser Knie beugen.

4. Kapitel

Entgrenzte Lebensformen

In diesem letzten Kapitel gehe ich der Frage nach, ob es Lebensaufgaben gibt, die den Alternden zugedacht sind. Vielleicht können und sollen die Alternden in unserer Gesellschaft etwas repräsentieren, das anderen Altersgruppen aufgrund ihrer spezifisch anderen Aufgabenstellungen noch fremd ist; etwas, das die Alternden der Öffentlichkeit nicht vorenthalten dürfen, wollen sie nicht den Sinn ihres Alterns verfehlen. Um diese Lebensaufgaben wahrzunehmen, ist allerdings die erste Voraussetzung, altern zu können und zu wollen. Das aber ist keineswegs einfach, wenn Jugendlichkeit und Leistungsstärke zu den dominanten Werten einer Gesellschaft wie der unseren gehören, und Altern im wesentlichen nur als Verfall verstanden werden kann. Demgegenüber halte ich daran fest, dass es um eine Gesellschaft schlecht bestellt ist, die es sich versagt, eine „Kultur des Alterns" auszuprägen. Um einige Dimensionen einer solchen „Kultur des Alterns", um „entgrenzte Lebensformen", geht es mir jetzt.

Die nicht leicht hinzunehmende Tatsache, dass unser Leben begrenzt ist, können Alternde in meiner Sicht beantworten mit dem Versuch, ihre Lebensformen zu entgrenzen. Wenn keine tiefgreifende Störung vorliegt, hat unser Selbst die Fähigkeit, sich weit aus dem eigenen Gehäuse hinauszulehnen und hineinzuwachsen in einen Gesamtzusammenhang des Lebens, dem es selber zugehört. Es nimmt in der

„menschlichen Existenz", im „Dasein", im „Menschheitlichen" – ganz gleich, wie die philosophischen Schulen das größere Allgemeine bezeichnen, – seinen Platz ein. Wie ein Baum, dessen Wurzeln tiefer und tiefer ins Erdreich dringen, dessen Zweige Luft und Himmel entgegenwachsen, vermag die eigene Person sich in schauender Verschmelzung in die nahe und ferne Mitwelt, in den Kosmos, in Symbolwelten auszudehnen. Es bleibt durchaus Unterschiedenes, was sich da durchpulst. Aber was auf Seiten der Person entsteht, die sich darauf einlässt, sind entgrenzte Lebensformen: verstehendes Mitleben, Selbstvergewisserung als Gattungswesen in den Spiegeln der Mitwelt, des Kosmos, der Symbolwelten und eine stille, aber eindringliche Präsenz.

Einem möglichen Missverständnis möchte ich sogleich vorbeugen: Das Hinauswachsen „über sich selbst" könnte so verstanden werden, als sei der Moment gekommen, das „egoistische" Kreisen „um sich selbst" aufzugeben und eine „altruistische" Haltung einzunehmen, als sei die eigene Person hintanzustellen, um sich endlich anderen Personen, die der Hilfe bedürfen, zuzuwenden. Diese Interpretation scheint mir allzu kurzschlüssig. Mein Nachdenken führt mich auf einen anderen, vielleicht sogar mühseligeren Weg: Ich rate nicht dazu, auf das eigene Selbst zu verzichten, sondern – im Gegenteil – seine ungeahnten Fähigkeiten zu nutzen, sich über sich selbst hinaus verstehend auszudehnen, so etwas wie eine „Allverbundenheit" einzugehen. Das kann natürlich auch eine Zuwendung zu Hilfsbedürftigen nach sich ziehen. Zentral aber bleibt, dass das Selbst in Dimensionen vorzustoßen in der Lage ist, die es wert sind, nicht nur zu eigenen Bestandteilen zu werden, sondern auch gesellschaftlich nicht in Vergessenheit zu geraten. Sie in spezifischen Lebensformen zu repräsentieren, könnte Aufgabe der Alternden und Alten in unserer Gesellschaft sein.

Mir scheint daher, die größte Lebensaufgabe der „jungen Alten" bestehe darin, immer wieder neu zu entscheiden, ob man sich *abgrenzen*, in sich hineinkrümmen, sich von Krankheiten kränken lassen, bei den eigenen Anschauungen starr verharren, andere Wege als die eigenen gnadenlos verurteilen, ein verbitterter Grantler werden will, oder ob man das eigene Selbst *entgrenzen*, zu *Einfühlung, Mitleid und reifen Formen später Liebe* gelangen, sich *zeichenhaft einmischen*, sich noch einmal in ein *schöpferisches* Werk entäußern, eine neue *Verwandtschaft zum Kosmos* spüren, *tröstendes Vertrauen* ins Leben ausstrahlen, alles Seiende zu dem hin, *was einem heilig ist*, überschreiten und schließlich in eine *letzte Stille* einmünden möchte. Der erste Weg führt zur Verzweiflung am Leben, der zweite zu neuen Zugehörigkeiten, zu einer Art „Allverbundenheit", im besten Falle zu so etwas wie einer gelassenen Sicht der Dinge und nicht zuletzt dazu, mit einem gewissen stillen Stolz und umgeben von dem, was eine individuelle Biographie um vieles überdauert, aus diesem Leben gehen zu können.

Intuitives Mitleben

Ich sitze im Café oder im Biergarten, stehe in der Metzgerei oder Bäckerei, und manchmal geschieht etwas Eigenartiges: Mir genügt es nicht mehr zu schauen, wen ich anziehend oder unsympathisch finde, welche Kleidung, welche geäußerten Anschauungen ich für unmöglich oder interessant halte. All das bleibt manchmal zurück, und aus den bescheidensten Ausdrucksformen schließe ich intuitiv auf Personen in ihrer Ganzheit, auf Grundhaltungen dem Leben gegenüber und sogar auf den möglichen Lebenslauf. Die Ebene des Urteilens oder gar Verurteilens fehlt beinahe ganz. In seltenen Momenten gerinnt die Szenerie zu einer Art Bühnengeschehen, als handele es sich um ein kleines, bisweilen bizarres Mysterienspiel des Lebens, wobei die Akteure unterschiedliche Wege repräsentieren, wie Leben gelebt werden kann. Plötzlich wohne ich einem Ausschnitt möglicher Existenz bei, fühle Verletzungen und kleines Glück, Lebenslügen und Arrangements, Angst und Zuversicht. Und dann stellt sich hin und wieder bei mir ein Gefühl der Zugehörigkeit ein, ein Gefühl existenzieller Solidarität, wenn man so will: Ja, so ist das Leben, das wir alle herunterspielen, das sind unsere kleinen Seifenopern, winzige Ausschnitte aus der „Comédie humaine".

Neulich drückte mir ein Bekannter, Anfang 60, ein Manuskript in die Hand mit dem Titel „La Comédie humaine im Großraumabteil". Ohne literarischen Anspruch schreibt er hin und wieder Miniaturen über das Alltagsleben. Einfühlsam und mit viel Intuition gibt er Szenen wieder aus Zügen, Bierhallen, Parks, besonders auch aus ihm weniger vertrauten „alternativen Milieus". Zuweilen führt er ein Büchlein mit sich, um sich Notizen zu machen. Meist braucht er es aber gar nicht, denn er hat die Gabe, Bilder, Sätze, Stimmungen lange Zeit im Gedächtnis zu bewahren und später schriftlich zu verarbeiten. Dieser Bekannte also beschreibt in seinem mir überlassenen Manuskript die Geschehnisse in einem Großraumabteil eines österreichischen Eurocity. Menschen steigen ein und aus, schweigen, nehmen Kontakt auf, umwerben sich, verbrüdern sich gar. Unter anderem treten auf: ein Wissenschaftler mit seinen jungen Assistenten, ein amerikanisches Ehepaar, ein älterer „Charmeur" und drei dazu gehörige Schwäbinnen, Rosy mit Kind und Lebensgefährten, ein Soldat aus Südosteuropa „mit zerschundenem Gesicht" und nicht zuletzt eine ganze Rasselbande junger Männer, die sich auf einem Wochenendausflug befindet und das Abteil aufmischt, indem sie reichlich Schnaps spendiert. Das ist ja nun auch wahrhaftig eine filmreife Besetzung! – Ohne ins Detail zu gehen, beeindruckte mich an diesem „reality"-Text das gänzliche Fehlen einer „normativen Sichtung", also der Verzicht auf jegliches Werturteil. Dagegen werden unter einem warmherzig aufnehmenden Blick komplizierte Lebenswege und Lebensmuster deutlich, verpasste Lebenschancen und zurückgebliebene Sehnsüchte, knallige Lebenslust und Verletzungen durch politische Krisen. Bisweilen dominiert Situationskomik und lässt die Szenerie in einem humorvollen Licht erscheinen, eben als „menschliche Komödie". Und dann und wann spürt man eine klammheimliche Freude des Autors an lärmender Lebenslust, aber auch Mitleid, ein stilles Weh, dass Leben offenbar so sein muss.

In der Tat ist Mitleid eine Frucht tiefer Einfühlung. Gemeint ist damit ja nicht, dass einem dieses oder jenes Leid tut, dass man es bloß schade findet, wenn ein Misslingen eintritt. Nein, es geht um viel, viel mehr und existenziell Tieferes. Um zu verdeutlichen, was ich meine, will ich eine Geschichte erzählen:

Mitte der sechziger Jahre hörte ich eine philosophische Vorlesung bei M. Horkheimer. In einer der Vorlesungsstunden ging es um den Begriff des Mitleids bei A. Schopenhauer. Ich werde nie vergessen, wie Horkheimer über das Mitleid sprach. Was er genau ausführte, weiß ich nicht einmal mehr zu sagen. Indes steht mir klar vor Augen, wie er am

Pult des großen Hörsaals stand, über das Auditorium hinweg in weite Ferne zu schauen schien und mit leiser Stimme, aber höchster innerer Beteiligung das Wort „Mitleid" aussprach. Er sagte es, in Stuttgart gebürtig, mit leicht schwäbischem Akzent: Mitle-id. Und es klang wie ein Seufzen über das Weh der Welt, begleitet von einem warmherzigen Blick auf das geschundene Leben. – So höre ich Horkheimer heute in meiner Erinnerung sprechen. Damals waren mir diese Töne vollkommen fremd und unverständlich. Ja, mich, den weltpolitisch interessierten Soziologiestudenten, ärgerte, dass man sich mit dem Begriff des Mitleids überhaupt abgab. Ich war auch ein wenig über den sozialphilosophisch so bedeutsamen Horkheimer enttäuscht, dass er sich in diesen philosophischen Gefilden aufhielt, wo doch die Brandherde der Weltpolitik weniger Mitleid als Empörung herausforderten. Um Abschaffung der Unterdrückung all der Entrechteten und Geknechteten musste es in erster Linie gehen und nicht um Mitleid, das einen offenbar in passiver Wehleidigkeit festhält. – Erst heute als Alternder komme ich dem näher, was Horkheimer vielleicht mitteilen wollte: Weltpolitische Krisen können gar nicht so schnell beigelegt werden, wie sie nachwachsen. Verheerende Naturkatastrophen werden nicht aufhören, solange die Erde besteht. Und auch persönliche Krisen lassen sich nicht ein für allemal bereinigen, körperliche und seelische Einschränkungen ungeschehen machen. Einzig die stille Glut des Mitleids ist es, die dazu ermutigt, sich nicht mit all dem achselzuckend abzufinden, selbst wenn es nicht zu verändern sein sollte. Angesichts der Entstellungen menschlichen Lebens brennt Mitleid still im Herzen wie ein „ewiges Licht". Und hinter dem Mitleiden erhält sich eine unendliche Sehnsucht nach gelungenerem Leben.

Zeichenhafte Einmischung

Mutlangen in den achtziger Jahren. Auf dem Höhepunkt der Demonstrationen gegen die Aufstellung von Mittelstreckenraketen suchten und fanden die Fernsehkameras in der Masse der Demonstranten oftmals ein Gesicht, das von Heinrich Böll. Mit seinem typischen, verschmitzten, zuweilen melancholischen Lächeln saß er unter den jugendlichen Demonstranten, um als Literat ein Zeichen zu setzen gegen eine Entwicklung, die er für verhängnisvoll hielt. Solange er lebte, mischte er sich als Literat zwar nicht ständig in die Tagespolitik ein, aber wenn er im größeren Maßstab falsche Weichenstellungen zu sehen meinte, dann war er an Aufrufen ebenso beteiligt wie durch seine persönliche Gegenwart. Ost und West zollten ihm für diese Haltung Respekt.

Richten wir unseren Blick auf unsere europäischen Nachbarn, auf Polen, auf die ehemalige Tschechoslowakei, vor allem auch auf Frankreich, dann müssen wir feststellen, dass die Literaten, Künstler und Wissenschaftler dieser Länder in der Öffentlichkeit eine sehr viel bedeutendere Rolle einnehmen als in Deutschland. Sicher hat dies mit konkreten historischen Situationen zu tun wie etwa einem Systemwechsel, aber auch mit Traditionen, die der kritischen Öffentlichkeit seit jeher mehr Gewicht verliehen. Ob nun mehr oder minder ausgeprägt, die Funktion einer kritischen Öffentlichkeit lässt sich leicht beschreiben: Es geht an den größeren und kleineren Wendepunkten gesellschaftlicher Entwicklung darum, wachsam zu sein, zu mahnen, Zeichen zu setzen. Diese Aufgaben haben allerdings Voraussetzungen, die nicht gerade jeder Stammtisch zu leisten vermag: ein Denken in größeren historischen Bögen, keine Scheu vor Systemvergleichen, Einblick in globale Zusammenhänge und nicht zuletzt Anteil an so etwas wie „Menschheitswissen", in dem sich durch viel Leid erworbene existenzielle Erfahrungen sammeln.

Das klingt natürlich alles reichlich anspruchsvoll, ja überdimensioniert, besonders dann, wenn ich vorschlage, Alternde sollten sich in genau diese kritische Öffentlichkeit an den ihnen angemessenen, vielleicht sehr bescheidenen Orten eingliedern. Die Einwände folgen auf dem Fuße: Man werde doch fragen müssen, ob die Alternden und Alten in unserer Gesellschaft, ebenso wie etwa in traditionalen Stammesgesellschaften, als Wächter und Mahner taugen. In den Gesellschaften der Moderne sei ja in der Regel nicht einfach auf Weitergabe unverrückbarer Traditionen zu achten. Vielmehr müssten unter Einbeziehung der Tradition ständige Interpretationsleistungen erbracht werden, was in der heutigen Situation gelten soll. Das aber würde doch voraussetzen, dass Alternde die grundlegenden Kräfte, die unsere Gesellschaft zusammenhalten und vorwärts treiben, in ihrem Wirken verstehen könnten. Je stürmischer die gesellschaftliche Entwicklung voranschreite, desto inkompetenter zeigten sich – soziologischen Untersuchungen zufolge – Alternde, diese Entwicklung nachzuvollziehen. Und deshalb sei so etwas wie ein Wächteramt Alternder nicht gut vorstellbar.

Dieser Argumentation ist im Großen und Ganzen sicherlich Recht zu geben, wenn sie sich auf berufliche und tagespolitische Zusammenhänge bezieht, auf „instrumentelles Wissen" also. Natürlich weiß z. B. der Enkel in der Regel über die Funktionsweise des Computers besser Bescheid als der Großvater. Indes, sind die großen historischen Linien und globalen Entwicklungsszenarien denn für Alternde tatsächlich so schwer zu verstehen, dass sie auf eine Option verzichten müssten? Ist es denn wirklich so unmöglich zu begreifen, was bestimmte Formen des Wirtschaftens gewähren, aber auch antun? Was den Frieden stört? Die Natur zugrunde richtet? Das Bewusstsein verblendet? Die Seele verdunkelt? Und ist es nicht ein Leichtes, die Opfer dieser Entwicklungen zu benennen?

Wenn ich Alternden einen wie auch immer gearteten Ort in der kritischen Öffentlichkeit zuweisen möchte, dann heißt das auch, ihre Einmischung sollte von einer in Wachsamkeit gewonnenen Option, einem Urteil, einer Parteinahme ausgehen und sich nicht in blindem Aktionismus zu schnell erschöpfen. Muße, ein Leben in entgrenzten Horizonten, Weitblick, Distanz, Wissen, aber auch Anteilnahme und Mitleid gehen jeder sinnvollen Option voraus. Es ist in meiner Sicht voreilig, wenn sich Alternde nach ihrer beruflichen Tätigkeit Hals über Kopf in neue Engagements stürzen, vielleicht nur deshalb, weil sie ihres Zwangs, doch irgendetwas leisten zu müssen, in der Leistungsgesellschaft noch anerkannt werden zu wollen, nicht Herr werden. Mir scheint, Alternde verschleuderten auf diese Weise allzu schnell ihre kostbaren, bei keiner anderen Altersgruppe in dieser Weise verfügbaren Kompetenzen, wenn sie, wie stets erwartet, aber doch reichlich unüberlegt, Vereine, Kirchenvorstände, Initiativen, Projekte auffüllen oder sich ehrenamtlich in fürsorgenden und pflegerischen Bereichen betätigen. Es ist nicht Lebensaufgabe der Alternden, Sozialsysteme aufrecht zu erhalten oder zu ergänzen. Das müssen, wenn nötig, Jüngere tun.

Wie aber könnte eine Einmischung Alternder im Sinne kritischer Öffentlichkeit zusammenfassend beschrieben werden? Sie wird sich konzentrieren auf *einen* Punkt, wird Zeichencharakter haben in einer Umgebung, die ganz anderen Maximen folgt, wird vielleicht sogar ein wenig ärmlich aussehen gegenüber allem perfektionierten Blendwerk unserer Zeit. Sie erwächst aus wissender Betrachtung der Welt, aus einem Leben in entgrenzten Horizonten, aus einfühlsamem Mitleiden. Sie führt nicht in den Kampf des Tagesgeschehens zurück. Machtausübung ist ihr fremd, Zeichencharakter hingegen für sie typisch. Alternde, die sich auf diese Weise einmischen, wissen, dass sie der Welten Lauf kaum verändern, aber vielleicht mahnend etwas Unabdingbares zur Anschauung bringen können – und nicht zuletzt das eigene Leben durch Erfahrung vertiefen.

Ich lasse einige Beispiele für meist eher unspektakuläre, zeichenhafte Einmischungen folgen. Sie geben zugleich die zugrunde liegenden Optionen zu erkennen. Die beiden ersten Beispiele sind der Friedens- und Versöhnungsarbeit zuzurechnen:

Herr K., Ende 50 und mittlerweile im Vorruhestand, hat sich seit vielen Jahren in einer französisch-deutschen Städtepartnerschaft engagiert und reichlich Erfahrungen gesammelt, welche Ziele die Begegnungen haben sollten und wie sie zu erreichen seien. Inzwischen ist die Städtepartnerschaft zu einem festen Bestandteil des öffentlichen Lebens beider Städte geworden. Ein Umzug gibt Herrn K. Gelegenheit, sein Engagement zu überdenken. Die Situation in Europa hat sich, so scheint es ihm, grundlegend verändert. Frankreich ist mittlerweile ein einigermaßen vertrauter Nachbar, aber neue Nachbarn rücken an das wiedervereinigte Deutschland heran. In gleichem Maße wachsen die Ängste und Vorurteile auf allen Seiten. Mehrere erlebnisreiche Reisen nach Polen bringen ihn zu dem Entschluss, noch einmal eine Städtepartnerschaft aufzubauen, diesmal zwischen seinem jetzigen Wohnort und einem polnischen Städtchen.

Er findet auf beiden Seiten Verständnis, guten Willen und Unterstützung. Eine Polnisch sprechende Mitbegründerin macht ihm die Anfänge leicht. Inzwischen haben zwei kleinere Treffen, eines in K.'s Wohnort, ein anderes in Polen, und ein Jugendzeltlager stattgefunden. Herr K. ist selbst überwältigt davon, was er von einem Land und seiner Bevölkerung erfahren kann, mit dem man sich in der Zeit des Kalten Krieges im Westen Deutschlands nicht beschäftigt hat. Erstaunt ist er auch über Kultur, Lebensart und Gastfreundschaft in Polen, wovon er vorher wenig wusste. Er träumt davon, einmal Menschen aus Frankreich, Polen und Deutschland zusammenzubringen.

Das zweite Beispiel: In N., einem kleinen hessischen Ort, hat sich eine brisante Lage ergeben. Die Zuwanderung von sogenannten Russlanddeutschen hat zu gereizten Reaktionen in der Bevölkerung geführt. Die Russlanddeutschen wiederum können sich in der Öffentlichkeit schlecht zurechtfinden, schon deshalb, weil ihnen die Sprachkenntnisse fehlen. In der Ev. Kirchengemeinde bildet sich eine Initiativgruppe, die dieser Situation begegnen will. Ihr schließt sich Herr L., der sich im 64. Lebensjahr befindet, an und übernimmt nach Absprache einen Konversationskurs. Herr L. hat in früheren Jahren als Koch auf einem Kreuzfahrtschiff gearbeitet und dabei auch so viel Russisch gelernt, dass er sich einigermaßen in dieser Sprache verständigen kann. Der Konversationskurs in deutscher Sprache läuft mit 15 Teilnehmerinnen und Teilnehmern an, darunter auch eine weitere „Deutsche" neben Herrn L. Die Teilnehmerzahl reduziert sich allerdings bald auf 10 bis 12 regelmäßig Teilnehmende. Zunächst versucht man in der Gruppe, sich über Themen zu unterhalten. Das aber ist mühsam, so dass Herr L. anregt, Alltagsszenen zu spielen. Diese spielerische Art kommt an.

Langsam wächst die Gruppe zusammen. Vierzehntäglich bleibt man länger zusammen, um einmal „russisch", einmal „deutsch" zu kochen. Familienangehörige kommen hinzu, zunehmend werden auch Lebensprobleme besprochen. Bald stellt sich jedoch heraus, dass die Gruppe sehr stark fluktuiert. Wenn die Teilnehmenden irgendwo Arbeit finden, bleiben sie weg. Herr L. ist zunächst enttäuscht, bis er selber eine halboffene Form findet, die Verbindlichkeit und Miteinander einerseits, Kommen und Gehen andererseits auch für ihn zufriedenstellend verbindet.

Eine andere Option zeigen die folgenden beiden Beispiele. Sie beschreiben eine zeichenhafte Einmischung auf den Gebieten der Bildung bzw. der ökonomischen Entwicklung in der Dritten Welt. Das erste:

Frau Z., vordem Bibliothekarin an einer Universitätsbibliothek, geht mit 60 in den Vorruhestand, lernt Spanisch und sammelt Spenden für einen Bücherbus, mit dem sie, zusammen mit neu gewonnenen einheimischen Freunden, durch Nicaragua fahren will, um Gefängnisinsassen und Menschen in Sozialeinrichtungen dringend notwendige Bücher zu bringen. Das Experiment gelingt. Mittlerweile sind nun auch eine Buchbinderwerkstatt und eine Bibliothek entstanden. Mit ihrer fachlichen Kompetenz und bescheidenen Mitteln möchte sie einen kleinen Beitrag zur Alphabetisierung und Bildungsarbeit in einem Land leisten, das ihr am Herzen liegt. Dies tut sie nunmehr bereits 14 Jahre. Ein halbes Jahr reist sie durch Nicaragua, ein halbes Jahr lebt sie in einer deutschen Großstadt. Mit dem Bau eines Hauses für die Bibliothek möchte sie ihr nachberufliches „Lebenswerk" abrunden.[49]

Das zweite Beispiel: Frau B., 65 Jahre, arbeitet seit 14 Jahren in der Eine-Welt-Bewegung mit. Jahr für Jahr hat sie vierzehntäglich ihren Stand vor der Kirche aufgebaut und Waren aus der Dritten Welt, die sie aus einem dreißig Kilometer entfernten Zentrallager holte, verkauft. Nach ihrem Umzug vor wenigen Jahren übernimmt sie für einen Tag in der Woche den Verkauf in einem Eine-Welt-Laden ihres neuen Wohnorts, arbeitet am Eine-Welt-Stand auf Weihnachtsmärkten mit und beteiligt sich an Entschuldungskampagnen. Im Laufe der Jahre hat sie sich solide Kenntnisse über globale Wirtschaftsprozesse und ihre Folgen für die Dritte Welt angeeignet und gibt einiges davon in kirchlichen Kreisen weiter. Wenn auch das eine oder andere Projekt in der Dritten Welt durch die Eine-Welt-Arbeit am Leben gehalten werden kann, so ist Frau B. durchaus bewusst, dass die Ergebnisse dieser Arbeit im Weltmaßstab kaum ins Gewicht fallen. Ihr ist deshalb sehr daran gelegen, mit dem Verkauf zugleich auf Wirtschaftsprozesse aufmerksam zu machen, die zur Ungerechtigkeit in der Welt beitragen. Für Frau B. und ihren Mann hat die Eine-Welt-Arbeit Auswirkungen auf ihren Lebensstil: Er ist bewusster geworden, bescheidener, an „Wesentlichem" orientiert. Zudem hat sich in allen Dingen eine globale Sicht verstärkt, die so manches provinzielle Geschehen großzügig übersehen lässt.

Eine andere von vielen weiteren Optionen gilt Menschen mit eingeschränkten Lebensmöglichkeiten, die in ihrer jeweiligen Situation zu wenig Beachtung und Unterstützung finden. Das erste Beispiel:

Frau S. ist eine „grüne Dame". Sie heißt so, weil sie als Mitglied des Besuchsdienstes in einem Krankenhaus als Erkennungsmerkmal einen grünen Kittel trägt. Mehrere eigene Krankenhausaufenthalte im Laufe ihres Lebens ließen sie erleben, wie Patienten zumute ist. Sie kennt ihre Angst vor der Diagnose, die Angst, Ärzten, dem Pflegepersonal und den Apparaten ausgeliefert zu sein, das Erleiden von Schmerz, die Entfernung zur Familie, das Alleinsein. Immer wieder hatte sie auch beobachten können, wie die „leere" Zeit im Krankenhaus oftmals Anlass gibt, über das eigene Leben nachzudenken, über die wichtigen Beziehungen, die Familie, zuweilen über Glaubensannahmen und Tod. Nachdem auch der jüngste Sohn „aus dem Haus" ist, entschließt sich Frau S., ihren früheren Beruf nicht mehr aufzunehmen, sondern etwas „ganz anderes" zu machen, was nunmehr ihren Interessen als Frau von Mitte 50 entgegenkommt, nämlich über das Leben in seinen Höhen und Tiefen nachzudenken und darüber in ein Gespräch einzutreten. Sie besucht mehrere Kurse in Gesprächsführung und lernt, auf sich selber ebenso achtsam zu sein wie auf die Äußerungen der Patienten. Heute besucht sie zwei halbe Tage in der Woche Patienten auf wechselnden Stationen, nimmt an einer Supervision teil und ist immer wieder erstaunt, welche Vielfalt des Lebens vor ihr ausgebreitet wird, aber auch, wie sie sich noch einmal selber in einer bisher unbekannten Tiefe kennenlernt.

Das zweite und letzte Beispiel: Das Leben von Herrn P., mittlerweile über 70, ehemals Flugzeug-Bordingenieur, ist seit zwölf Jahren von Blinden bestimmt. Nach einer Notlandung war er in früheren Jahren selber für geraume Zeit erblindet. Als seine Sehkraft teilweise zurückkehrte, entschloss er sich, in Bad K., einem renommierten Kurort, ehrenamtlich und kostenlos Stadtführungen für Blinde und stark Sehbehinderte unter den Kurgästen, aber auch für Reisegruppen, anzubieten. Viel Einfühlung und Übersetzungsarbeit ist dabei vonnöten. „Das, was Sie im Fernsehen sehen", sagt Herr P. in einem Interview, „muss ich auf Radio übersetzen." Durch genaue Beschreibung der Sehenswürdigkeiten entstehen Vorstellungsbilder. Die Sinne des Fühlens, Hörens, Tastens, Riechens werden ungleich stärker einbezogen als bei Sehenden. Kürzlich ist unter Leitung von Herrn P. ein Stadtführer in Blindenschrift erschienen, mit dessen Hilfe sich Blinde auf eine Stadtführung vorbereiten oder im Nachhinein das eine oder andere noch einmal nachlesen können. Im Laufe der Jahre hat sich auf Initiative von Herrn P. das Angebot für Blinde enorm ausgeweitet: Blinde können in Bad K. reiten, Auto fahren, Rundflüge machen und dabei selbst einmal den Steuerknüppel in die Hand nehmen. Außerdem kann ein Spezialfahrrad ausprobiert werden. Auf der Balustrade am Fluss entlang stehen Blumenkästen, die auch mit Schildern in Blindenschrift versehen sind, übrigens von Herrn P. selber liebevoll mit über 1000 Nägeln in Punktschrift geschrieben. In Planung ist ein Duft- und Tastgarten für Blinde im Kurpark. Eine „Woche der Lebenskünstler", veranstaltet in Zusammenarbeit mit der Kurseelsorge, fasst jährlich die Palette der Angebote zusammen, möchte aber auch dem Verständnis von Sehenden und Blinden füreinander dienen. Sehende können kurzzeitig in die Rolle von Blinden schlüpfen und sich mit Blindenstock einen Gang entlang tasten, auf dem Schwierigkeiten eingebaut sind, die Blinde Tag für Tag erleben. – Herr P. fühlt sich reich beschenkt von der Freude und Spontaneität blinder Menschen. Er fragt: „Haben Sie schon einmal gehört, wie ein blindes Mädchen, das am Lenkrad sitzt, mit 80 über den Hubschrauberlandeplatz fegt, das Fenster herunter kurbelt und ruft: ‚Die Mama, die Mama soll kommen und sehen, wie ich Auto fahre!'?" Ein solches Erlebnis bewege ihn immer tief. Und viele, schreibt er in einer persönlichen Mitteilung, „haben das Unkraut von ihrer Seele bei mir abgestreift."

Späte Liebe

Klassentreffen, 40 Jahre nach dem Abitur. Erzählrunde der gealterten Männer. Jeder erhält Gelegenheit, in ein paar Minuten das für ihn Bedeutsame seines augenblicklichen Lebens mitzuteilen. Da geht es meist um den Stand der beruflichen Karriere, den vorgezogenen Ruhestand, aber, eher am Rande, auch um die Familie, die mittlerweile erwachsenen Kinder. Nur Ulli, der schon immer für eine Überraschung gut war, unser „Künstler", beginnt seinen Bericht ganz anders: Ihn bewege am meisten, in welch erstaunlichem Maße seine Frau und er sich in der letzten Zeit „neu entdeckt" hätten und welche „unerwarteten Erfahrungen" sie gegenwärtig miteinander machten. Die Berufszeit neige sich für beide dem Ende zu, die Kinder seien aus dem Haus. Nun sei Raum und Zeit für sie beide. Keine weiteren Erläuterungen, keine Nachfragen. Ob dieses freimütigen und warmherzigen Bekenntnisses herrscht betretenes Schweigen. Aber man sieht förmlich die Fantasien hinter den Stirnen im emotionalen Sturm flattern.

Sie hatten sich wohl ein wenig aus den Augen verloren, Ulli und seine Frau, er engagierter Architekt, sie Inhaberin einer Modeboutique. Der Alltag forderte seinen Tribut. Erst spät wurde ein Haus erworben und liebevoll restauriert. Erst spät kamen Kinder, die viel Zuwendung brauchten. Schließlich galt es, sich in manchen beruflichen Krisen zu behaupten. Nun aber kann man offenbar Atem schöpfen und die Grenzen alltäglicher Beziehungsgewohnheiten für Momente hinter sich lassen. Und der Partner wird „entdeckt" wie ein neuer Kontinent, von dem bestenfalls vage Konturen, einige Gebirgszüge und ein gewisses Klima bisher bekannt waren. Die Augen gehen auf für das neue, alte Gegenüber.

Der Blick verweilt neugierig auf dem Partner, folgt erstaunt dessen Lebensbewegung, entdeckt nie Wahrgenommenes. Ab und an erfahren sich beide überrascht in neuer Zusammengehörigkeit, aber auch sich selber als andere, tiefer denn je zuvor.

Wie bei Ulli und seiner Frau kann das Voralter eine Zeit „später Liebe" werden, ob in langjährigen Partnerschaften, neuen Beziehungen oder vertrauten Freundschaften. Manche Alternde behaupten allerdings standhaft, ihr Beziehungsleben sei doch längst beendet. Sie haben alle „Fensterläden" schon fest geschlossen, leben so dahin – auch in der einen oder anderen Verbindung – und warten auf die Nacht. Und dann steht eines Tages doch noch ein Mensch vor der Tür und begehrt Einlass, ein Mensch, der sie anschaut bis auf den Grund der Seele und sagt: „Auf dich habe ich schon lange gewartet!" Zuweilen blüht eine „späte Liebe" auf, die reif genug ist zu rückhaltloser Begegnung. Allein Wahrhaftigkeit soll gelten. Und vielleicht entsteht dann sogar ein inniges Zueinander von Zweien, die sich mit Freude gut tun, zärtlich und tröstend die Wundmale ihres Lebens berühren und alle ehernen Prinzipien belächeln. – Es lohnt nicht, sich zu verstecken, die „Fensterläden" zu verrammeln, sich in die Gatter der Konvention, die Alternden Zurückhaltung in Liebesdingen auferlegen wollen, einzusperren. Nicht Zurückhaltung ist ja die Aufgabe, sondern Reifung, ein spätes Bemühen darum, zu tiefer Zuneigung und Hingabe, zu Dank und Demut fähig zu werden, vielleicht sogar eine letzte Anstrengung, gegen die Tendenz, sich wie ein Misanthrop einzuigeln, so etwas wie einen „allliebenden" Wesenszug auszubilden. Alternde ahnen manchmal: „Der Abstand zwischen dir und deinen Mitmenschen ist Zeitverschwendung, ist Verschwendung deines Lebens. Mit diesem Versteck hat es so viel Zeit gekostet, anderen nahezukommen. Jetzt ist dein Versteck fort und du kannst die verlorene Zeit hinter dir lassen."[50] Es geht ja um die letzte Wärme vor dem Erkalten, nicht um einen Jugendwahn, der Alternde in jugendlicher Unreife festhalten will, nicht um den Zwang zu „Barbie-Puppen-Gesicht" oder „Easy-Rider-Attitüde". Es geht darum, den schmalen Pilgerpfad „später Liebe" zu begehen, eine „via dell'amore", auf der schon manche Schatten der Hinfälligkeit liegen. Dann kann es geschehen, dass die bereits reichlich verharschten Strukturen der eigenen Person, die sich vielleicht ein letztes Mal liebend erlebt, noch einmal auftauen. In diesem Sinne hat es seine Berechtigung, eine „Kultur des Alterns" auch als eine „Kultur des Liebens" zu beschreiben. Sie stellt Fragen an uns: Wann beginnen wir im Leben endlich, dem zu trauen, was unsere Gefühle sagen? Im Altern endlich? Wann hören wir auf, uns in die Knechtschaft konventioneller Normen, die uns vorschreiben wollen, wen wir wie zu lieben hätten, zu begeben? Wann gewinnen wir auch in der Liebe Autonomie? Wann werden wir lernen, quälende Verschmelzungsfantasien aufzugeben, ohne doch auf Teilhabe zu verzichten; mit der grundlegenden, schmerzlichen Distanz zum anderen zu leben und Beglückung aus Annäherungen zu gewinnen? Und wann werden wir in Partnerschaften endlich fähig sein, gemeinsam die uns Alternden gemäßen Ausdrucksformen der Liebe neu zu „erfinden"?[51]

Lassen wir uns ermutigen von einer sehr „späten Liebe" im hohen Alter: Der letzte Film der dänischen Schauspielerin Asta Nielsen hieß „Unmögliche Liebe". Er sollte ursprünglich von einer „späten Liebe" zwischen einer Witwe und einem älteren Junggesellen handeln. Unter kommerziellem Druck wurde das Drehbuch stark verändert: der Liebhaber verjüngt und einer Geisteskranken verheiratet. Der Film verschwand in wohlverdienter Versenkung. – Was Asta Nielsen aber nicht zu spielen vergönnt war, das lebte sie: eine „unmögliche Liebe". Nachdem sie mit achtzehn Jahren ein Kind zur Welt gebracht hatte, ohne sich veranlasst zu sehen, den Vater zu ehelichen, nachdem sie zwei schwierige bis belanglose Ehen hinter sich gebracht hat, lernt sie im Alter von vierundachtzig Jahren zufällig einen etwas jüngeren Kunsthändler kennen. In behutsamer Annäherung entwickelt sich eine tiefe Beziehung. Der vor einiger Zeit erschienene Briefwechsel zwischen beiden umfasst sechs Jahre, den Zeitraum zwischen der ersten Begegnung und der Hochzeit, und legt Zeugnis ab von der Innigkeit dieser „späten Liebe".[52] Gleichwohl wird nichts Spektakuläres berichtet: Asta Nielsen schreibt vom Alltag einer alten Frau, von der Gesundheit, von Einkäufen, von Beschwernissen und Ermüdung, immer allerdings in einem lockeren, amüsierten, zärtlichen Tonfall. Beide Korrespondenten nehmen sich viel Zeit: für den anderen, für die Korrespondenz, für sich selbst. Der Briefwechsel ist ein Dokument einer gelebten Liebe in sehr hohem Alter.

Einige Merkmale dieser „unmöglichen Liebe" gegen Ende des Lebens scheinen mir überaus beachtenswert, weil sie den Endpunkt einer Entwicklung darstellen, die sich im Voralter anbahnt. So fällt auf, dass die frühere Alltagswelt „der Nielsen" – Filme, Regisseure, Schauspieler – kaum mehr eine Rolle spielen. Dies alles ist ihr fremd geworden, und sie selber ist eine Fremde in dieser früheren, für sie so bedeutsamen Welt. Wenn man aber nun meint, die Grunderfahrung dieser Fremdheit „in der Welt" veranlasse, sich in die Innigkeit einer „späten Liebe" zurückzuziehen oder gar einzuspinnen, geht fehl. Vorgestellt werden eigenständige Persönlichkeiten, die in ihrer je eigenen Alltagswelt leben und auch beträchtliche Zeit für sich brauchen. Aber sie gewähren sich liebevoll Teilhabe, genießen die zeitweilige Annäherung, begegnen sich zärtlich und humorvoll. Ja, man kann beinahe von einer Art „Lebenskunst" sprechen, mal bei sich selber, mal bei dem anderen zu sein, und dies alles noch einmal für den anderen und für sich selbst in Briefen „zur Sprache zu bringen". Eine „späte Liebe" solcher Art zeigt die „Liebenden" als zueinander gehörige Gefährten auf dem Weg durch die letzten Jahre des Lebens.

Der Gedanke später Weggefährtenschaft findet sich in einem Gedicht von J. v. Eichendorff wieder („Im Abendrot").[53] Freilich weiten sich die Horizonte des gemeinsamen „Wanderns" noch einmal beträchtlich. R. Strauß hat dieses Gedicht kongenial vertont und in seinen letzten Liederzyklus („Vier letzte Lieder"), wiederum als letztes, aufgenommen. Hier der Text:

Wir sind durch Not und Freude
Gegangen Hand in Hand,
Vom Wandern ruhn wir beide
Nun überm stillen Land.

Rings sich die Täler neigen,
Es dunkelt schon die Luft,
Zwei Lerchen nur noch steigen
Nachträumend in den Duft.

Tritt her, und laß sie schwirren,
Bald ist es Schlafenszeit,
Daß wir uns nicht verirren
In dieser Einsamkeit.

O weiter, stiller Friede!
So tief im Abendrot.
Wie sind wir wandermüde –
Ist das etwa der Tod?

Nach einem weiten Weg durch Not und Freude ist ein Ruhepunkt erreicht: Endlich ausruhen und von einem erhabenen Plateau aus gemeinsam die Panoramen des Lebens sinnend betrachten. Noch einmal ein Nachträumen, ein Funkeln aufsteigender Erinnerungen, dann aber der Abschied von den Lebenslandschaften, in die schon Dunkel fällt. Es ist nun Zeit, sich des Gefährten zu vergewissern, um nicht in die Irre zu gehen in dieser letzten Fremdheit, um an seiner Seite zu Seelenruhe und Todesbereitschaft zu finden. Noch atmen die Weggefährten Weite, Stille, Friede, ehe der kalte Hauch des Todes sie anweht. – Das anschließende musikalische Nachspiel von R. Strauß führt schon in fremde Länder, hinab in archaische Grüfte. Und dann schließlich noch einmal, nachträumend wie von fern, die silbernen Triller zweier Lerchen. Mehr bleibt nicht übrig als dieser Nachklang. Aber es hat diese beiden Menschen gegeben, gemeinsam wandernd auf einem kurzen oder langen Stück Wegs. Und es war wunderbar.

Schöpferisches Werk

Einer meiner Freunde musste schon mit Mitte 50 sterben. Als ihm gesagt wurde, er habe höchstens noch zwei Jahre zu leben, veränderte sich sein Leben von Woche zu Woche, von Tag zu Tag. Es war, als müsse er im Schnelldurchlauf altern und alt werden, um sterben zu können. Und dazu gehörte, noch ein kleines Werk zu schaffen. So arbeitete er geradezu mit Besessenheit an einem Buch, das noch fertig werden sollte. Als Pfarrer war er ein Leben lang ein „Textarbeiter" gewesen. Unzählige Predigten, liturgische Entwürfe und Dutzende von Papieren hatten sich angehäuft. Von ihnen wählte er eine kleine Anzahl aus, und zwar diejenigen Texte, die seine theologischen Ansichten nach seiner Meinung am treffendsten aussprachen. Und nun ging er ans Überarbeiten. Er schliff die Sätze zu Text-Kristallen, die Außenstehenden beinahe nicht mehr verständlich waren. Apokalyptische Aussagen wurden zu Faustkeilen. Er erreichte auf diese Weise nochmals eine Verdichtung dessen, was er in seinem Leben hatte zum Ausdruck bringen wollen, wofür er stand, wofür er gekämpft hatte, was ihn selber ganz und gar ausmachte. Ich hatte nicht den Eindruck, dass er für ein Publikum schrieb. Er schuf die Textgestalt seiner eigenen Wahrheit, weiter nichts. Zum einen vergewisserte er sich damit in einem kreativen Akt des Kerns seiner eigenen Person. „Ja", hätte er sagen können, „das genau war und bin ich, ob ich lebe oder sterbe!" Und zum anderen schuf er etwas, das ihn überdauern sollte. Dafür ist das Buch selber, das sich nun in den Händen von Freunden und Bekannten befindet, nur ein schwaches Zeichen. Er umkreiste in seinen Texten etwas, das größer ist als er selber und noch dauern würde, wenn er längst nicht mehr unter den Lebenden weilte: etwas „Ewiges", in dem er sein kleines Leben zu guter Letzt würde bergen können.

Was hier in dramatischer Engführung vor einem frühen Tod geschah, findet sich bei vielen Alternden in der einen oder anderen Form wieder. Es sind nicht nur die großen Künstler, in deren Alterswerken sich zuweilen die Einsichten eines langen Lebens nochmals in glühenden Farben konzentrieren. Viele Alternde, von beruflicher, oft wenig kreativer Leistung freigesetzt, werden beinahe über Nacht von einem schöpferischen Schub erfasst. Ob sie Texte schreiben, Bilder malen, Fotocollagen herstellen, musizieren, wissenschaftlichen Fragen nachgehen[54], immer stellt sich eine hohe Inanspruchnahme der ganzen Person ein. Nicht das Publikum ist von Bedeutung, also die Leser, Hörer, Betrachter, sondern in der Regel allein die Beziehung des Schöpfers zu seinem Werk. Es ist offenbar begeisternd, die Inspiration zu spüren, aus Wörtern, Farben, Klängen Texte, Bilder, Musikstücke zu erschaffen. Es beglückt, sich noch einmal in ein Werk zu entäußern, sich ganz an das Werk hinzugeben, sich im Werk wiederzuerkennen, ja sich zu vereinen mit dem Innersten der eigenen Person, das äußere Gestalt angenommen hat.

Interessant ist, dass der schöpferische Mensch meist gar keine Antwort darauf geben kann, wozu er denn eine solch besessene Mühe auf ein kleines oder größeres Werk verwende. Fast ist es so, als *müsse* er sich dem schöpferischen Akt überlassen und aus bloßem Material ein Werk schaffen, das sein Gesicht trägt. Aber mehr noch: Im Spiegel seines Werkes scheint etwas auf, das einer anderen Zeitrechnung angehört und mit der alltäglichen Realität nicht verrechenbar ist. Das Werk hat in aller Regel keinen praktischen Nutzen. Es ist Resultat eines mit Konzentration ausgeführten Spiels, wenn auch keinesfalls bloß unterhaltsamer Spielerei. Und vielleicht ist es ja eine Aufgabe der heute Alternden, in unserer Welt der Zwecke üppige Oasen des Schöpferischen, der Inspiration und der Zweckfreiheit entstehen zu lassen.

Rückkehr zur Erde

Kürzlich war ich in einem Pfarrhaus zu Gast. Bei der Abendunterhaltung stellte sich heraus, dass mein Gastgeber, ein sympathischer Endvierziger, am nächsten Tag eine ältere Dame, die vor wenigen Tagen gestorben war, beerdigen sollte. Er berichtete einiges aus dem vielseitigen Lebenslauf dieser gebildeten Frau, die das achtzigste Lebensjahr beinahe erreicht hatte, über ihre peinlich genau geplanten Telefonanrufe, die an langjährige, mittlerweile rarer werdende Freundinnen oder Familienangehörige in ganz Deutschland gingen, aber auch über ihre Zurückgezogenheit der letzten Jahre. In jüngster Zeit habe sie öfters erwähnt, welche Freude ihr die Vögel bereiteten, die sie von ihrem Fenster aus im Garten beobachten konnte. Auf dem Nachttisch ihres Sterbebettes habe ein Büchlein gelegen über das „Leben der Singdrossel".

Im Gespräch merkten wir sehr bald, dass wir die letzten Jahre der Verstorbenen unterschiedlich erlebten. Mein Gesprächspartner, ein einfühlsamer und wohlausgebildeter Seelsorger, richtete sein Augenmerk vornehmlich auf das ausgedünnte Beziehungsgefüge, das nur noch ein beziehungsmäßig eingeschränktes Leben ermöglichte, ja das sogar dazu nötigte, sich – sozusagen als Ersatz – mit den Vögeln abzugeben. Für ihn gab es offensichtlich nur in Beziehung mit Menschen wirklich lohnendes Leben. So naheliegend und einsichtig diese Annahme angesichts der mir vorgestellten Person zunächst auch war, irgendetwas störte mich von Grund auf. Ich fühlte mich altern, und beinahe stand ich plötzlich der alten Dame näher als meinem Gastgeber. Ich stellte mir vor, wie sie nach einer schweren Nacht in der beginnenden Dämmerung das Fenster öffnet, um nur ja nicht den ersten Ruf erwachender Vögel zu versäumen, geschweige denn den „Morgenchoral" der gesamten Vogelschar. Oder wie sie im durchsichtigen Abendlicht vom Fenster aus zum hohen Baum hinaufschaut, auf dessen Spitze die Singdrossel ihre von fernher mehrfach beantworteten Koloraturen singt. Mir wurde schlagartig klar, wie Alternde nach und nach aus Beziehungsgefügen herausfallen, aber gleichzeitig in neue, sogar ausgedehntere Zugehörigkeiten und Verwandtschaften, in diesem Fall kosmische, hineingleiten können. Und dass eben diese Verwandlung zugleich Lösung der späten „Beziehungskrise" und Aufgabe der Alternden ist.

Es mag am nahenden Ende des eigenen Lebens liegen, dass für Alternde nach und nach die eigene Vergänglichkeit, die Rückkehr zur Erde, das „Erde zu Erde, Asche zu Asche, Staub zu Staub" bedeutende Themen werden. Immer öfter stellt sich das Gefühl ein, sich vom sozialen Leben entfernen zu wollen, Fluss, Baum und Fels eher zuzugehören als Ereignissen der Tagespolitik. Bisweilen kommt geradezu eine Sehnsucht auf, wieder ganz Kreatur zu werden, ja im Kosmos aufzugehen. So lesen wir bei H. Hesse: „Einen Atemzug lang spüre ich, tiefer als je, die Flüchtigkeit meiner Form und fühle mich hinübergezogen zur Verwandlung, zum Stein, zur Erde, zum Himbeerstrauch, zur Baumwurzel. An die Zeichen des Vergehens klammert sich mein Durst, an Erde und Wasser und verwelktes Laub. Morgen, übermorgen, bald, bald bin ich du, bin ich Laub, bin ich Erde, bin ich Wurzel, schreibe nicht mehr Worte auf Papier, rieche nicht mehr am prächtigen Goldlack, trage nicht mehr die Rechnung des Zahnarztes in der Tasche, werde nicht mehr von gefährlichen Beamten um den Heimatschein gequält, schwimme Wolke im Blau, fließe Welle im Bache, knospe

Blatt am Strauch, bin in Vergessen, bin in tausendmal ersehnte Wandlung getaucht."[55]

Es wird hier, so scheint mir, eine fundamentale Sehnsucht spürbar, die alltägliche Lebenswelt hinter sich zu lassen und sich wieder der Erde zu verbinden, von der man kam. Und vielleicht gehört ja zur Voll-Endung, zur Beendigung des Lebens in Fülle, dazu, sich über die eigene, als reichlich vorübergehend erlebte Person hinaus auszudehnen in den Kosmos. Das hieße Depersonalisierung, „Entwerden", auch eben Entlastung von dem, was aus uns nun einmal geworden ist, von allen Prägungen und vom Alltag. Es ist sozusagen die Gegenrichtung zu aller Sozialisation. Es ist Desozialisation. Nach und nach „entkleiden" sich Alternde aller sozialen Rollen, des Berufs und der Beziehungen gleichermaßen; sie legen wie die Schauspieler der Antike die Masken, die sie auf der Bühne des Lebens trugen, eine nach der anderen ab, bis so etwas wie ihr gestaltloses, kreatürliches Leben durchschimmert. Demaskierung in diesem Sinne bedeutet auch Freiheit, nämlich das Leben nicht mehr durch die schmalen Sehschlitze der Masken betrachten zu müssen. Noch einmal mag sich dann eine Tür öffnen und einen unverstellten Blick freigeben auf eine wimmelnde Vielfalt von Lebensmöglichkeiten, auf ein Feld „ewigen" Neubeginns.

Allzu oft freilich ist die „Rückkehr zur Erde" von einem unangemessenen magischen Flirren umgeben, als handele es sich um eine Art „Heimkehr zum Urgrund", in dem aller Sinn beschlossen läge. Dieser Art von Naturverklärung widerspricht eine andere Deutung von Naturzuwendung, wie ich sie bei F. Schiller fand. Nicht ein natürliches Sein, dem wir uns letztlich anverwandeln, steht bei ihm im Vordergrund, sondern eine Entgrenzung der Seele in die Schöpfung hinein. So heißt es in einem Brief F. Schillers: „Nie hab' ich es noch so sehr empfunden, wie frei unsere Seele mit der ganzen Schöpfung schaltet, – wie wenig sie doch für sich selbst zu geben imstande ist und alles, alles von der Seele empfängt. Nur durch das, was wir ihr leihen, reizt und entzückt uns die Natur. Die Anmut, in die sie sich kleidet, ist nur der Widerschein der inneren Anmut in der Seele ihres Beschauers, und großmütig küssen wir den Spiegel, der uns mit unserem eigenen Bilde überrascht. Wer würde auch sonst das ewige Einerlei ihrer Erscheinungen ertragen, die ewige Nachahmung ihrer selbst? Nur durch den Menschen wird sie mannigfaltig, nur darum, weil wir uns verneuen, wird sie neu." Und weiter unten: „… und so liegt alles in toter Ruhe um uns herum, und nichts lebt als unsere Seele."

Der Widerspruch ist deutlich: Gegen ein uns heute näherliegendes depressives Hinabgleiten in ein natürliches Sein setzt Schiller die sicher ebenso problematische große Pose einer sich bis in die Natur hinein vergrößernden Individualität. Immerhin will mir scheinen, es lohne, der Ansicht Schillers mehr als nur flüchtige Aufmerksamkeit zu schenken. Klingen seine Worte doch wie ein Appell, der inneren Kraft unseres Selbst und seiner Autonomie zu vertrauen und damit aufzuhören, uns ständig in eigener Müdigkeit, Hinfälligkeit und Abhängigkeit zu suhlen. Dann macht es auch bestärkenden Sinn, die gesamte Schöpfung als eine Art Projektionsfläche der „inneren Anmut in der Seele" anzusehen und die überaus farbige Mannigfaltigkeit unseres Selbst zu erblicken. Und dann erst werden wir Fluss und Erde, Bäume und Felsen, den frisch gepflügten Acker und die leuchtenden Herbstgärten inniger denn je zuvor lieben können. Uns ist es zwar in den letzten zwei Jahrhunderten vergangen, den „Spiegel" der Natur „*großmütig*" zu küssen, aber vielleicht blicken wir gerade deswegen mit umso größerer Andacht hinein. Wenn der „Spiegel" auch schon viele Sprünge hat, er ist noch da, war vor uns und wird nach uns noch sein.

So taugt Natur auch als eine Art Gedächtnis: „Auf unserer Flucht durch das Leben", so Schiller weiter, „legen wir jede genossene Lust, jede Gestalt unseres wandelbaren Wesens in ihre (d. i. der Natur) treue Hand nieder, und wohlbehalten gibt sie uns die anvertrauten Güter zurück, wenn wir kommen und sie wiederfordern."[56] Sie ist wie ein aufnehmendes, aufbewahrendes Gefäß, ein Gedächtnis für Gelebtes, „keeping things in mind".[57] Wir können uns bei ihr ausruhen, ohne Selbstverlust fürchten zu müssen. Und wenn wir die „anvertrauten Güter" von ihr „wiederfordern", können wir sie vielleicht besser verstehen und uns getröstet fühlen. Durch „die Gestalten unseres wandelbaren Wesens" hindurch gehen nun verbindende Lebenssichten. Es wird mehr und Grundlegenderes wiedergewonnen als an die Natur gegeben: so etwas nämlich wie eine manchmal aufscheinende „*summa vitae*", die uns zugleich über unser einmaliges Leben hinaushebt. Der Spiegel der Natur „überrascht" uns nicht nur „mit unserem eigenen Bilde", sondern manchmal auch mit einem allgemeineren Tableau menschlicher Existenz, für die wir ja nur ein „Exemplar" sind. – Der Weg Alternder zurück zur Erde ist ohne Zweifel ein Weg des Abschieds, zugleich aber ein stilles Feiern des Lebendigen, das inmitten gesellschaftlichen Todes zur Umkehr mahnt.

Tröstende Präsenz

Ich möchte von meiner Großmutter väterlicherseits erzählen. Sie war Bäuerin auf einem kleinen Anwesen in der „Kaschubischen Schweiz" nahe Danzig, eine tüchtige, kluge Frau. Mit ihrem wesentlich älteren Mann hatte sie neun Kinder. Eines davon starb kurz nach der Geburt, die älteste Tochter erlag mit Mitte 30 einem Lungenleiden, ihr Mann starb, als sie Anfang 50 war, ihr ältester Sohn und ein Schwiegersohn blieben im Krieg. 1945 musste sie ihren Hof verlassen, floh nach Dänemark und gelangte schließlich in einen kleinen Taunusort, wo sich die gesamte Großfamilie sammelte. Dort lebte sie mit weiteren sechs Mitgliedern ihrer Familie in einer etwas dunklen Dreizimmerwohnung in einem ehemaligen Amtsgebäude. Und hier fanden sich zu den Wochenenden, an Festen und Geburtstagen regelmäßig die meisten der Großfamilie ein. Es konnten ohne Besuch, der manchmal noch dazu kam, achtzehn Personen werden. Trotz beengter Wohnverhältnisse und karger Einkommen wurde zusammen reichlich gegessen und getrunken, viel geplaudert, über Stunden hinweg gefeiert. Großmutter stand nicht im Mittelpunkt dieser Feiern, schon gar nicht führte sie das Wort. Sie saß oft am Rande oder in ihrem Sessel am Ofen. Aber man sammelte sich dort, wo sie war. Sie stiftete den Zusammenhalt. Von ihr ging spürbar eine Ermutigung aus, das Leben nach dem verheerenden Krieg wieder anzupacken. Sie repräsentierte in ihrer lebenspraktischen Art, ohne davon Aufhebens zu machen, eine unbedingte Treue zum Leben. Ihr Lebensmut war trotz aller Schicksalsschläge nicht gebrochen. Und daran gab sie Anteil. – Eine sich oft wiederholende Szene werde ich nie vergessen. Nach dem gemeinsamen Essen saß man noch lange zusammen, in der Regel bei Hochprozentigem. Großmutter trank ein, zwei Schnäpse mit, ließ ab und an ihr glucksendes Lachen, das ihren ganzen Leib erbeben ließ, hören, zog sich dann aber, kaum bemerkt, in ihr Bett zurück, das im selben Raum hinter einer hohen Sofawand stand. Nun mochte es laut werden, die Stimmung überborden, Großmutter schlief. Und wenn dann ein Schnarcher herübertönte, sah man sich an, wies mit dem Kopf stumm in ihre Richtung und lächelte sich zu. Es war, als erinnerte man sich dankbar der „Urmutter", in deren Aura das Lebensspiel um vieles leichter gelang.

Ab und an begegnen wir älteren und alten Menschen wie Großmutter, in deren Gegenwart Trost ist, die in Ängsten Sicherheit geben, Vertrauen ins Leben stiften. Es scheint, als seien sie in der Lage, viel, viel Leid, ob eigenes, ob fremdes, in ihr Inneres aufzunehmen, in sich zu verarbeiten und den Sieg des Lebendigen über Leid und Tod zurückzugeben. Sie werden nicht aktiv, sondern strahlen aus: Mut zum Leben und so etwas wie eine Lebensdeutung, innerhalb deren persönliches Leiden, ohne dass es endet, doch gestillt wird. Ihr bloßes Dasein stillt Stürme, weil in ihnen selber eine freundliche Ruhe eingekehrt ist. „In ihnen ist", so R. Guardini, „ein langes Leben still geworden. Arbeit ist getan, Liebe ist gegeben, Leiden ist gelitten worden." Nun sind sie nur noch da, aber sie zu kennen, ist ein Segen. „Sie sind still von innen her. Sie haben eine Würde, die nicht aus Leistung, sondern aus Sein kommt."[58]

Tröstende Präsenz als Frucht des Alterns einzufordern, scheint mir allerdings doch allzu vermessen. Wieviel Leid gibt es auch, das Menschen chancenlos in den Staub wirft! Aber wäre es vielen Alternden nicht doch möglich, sich wenigstens auf den Weg zu machen, „still von innen her" zu werden? Wäre es nicht einen Versuch wert, das eigene Leben in Ordnung zu bringen? Wäre es nicht bereits ein entscheidender Schritt, nicht mehr angesichts des eigenen Lebens, wie es nun einmal war, unaufhörlich an die Klagemauer zu trommeln, sondern die eigenen Quellen des Trostes aufzuspüren? Und wäre es nicht an der Zeit, die eigenen Zugehörigkeiten neu zu ordnen, den Blick auf weitere Horizonte zu richten, als sie das Alltagsleben vorgibt?

Natürlich ist eine tröstende Präsenz nicht nur in Familien segensreich. Die verschiedenen Lebenswelten und Sozialsysteme, ja unsere Gesellschaft insgesamt, benötigen in meiner Sicht nichts so dringlich wie Menschen, die „still von innen her" geworden sind. Meine Gedanken dazu will ich durch Kommentierung eines Filmausschnitts zuspitzen. Vor einiger Zeit sah ich im Fernsehen einen Bericht über ein abgelegenes Dorf in Griechenland. Die Gestalt des bereits älteren orthodoxen Priesters, des Popen dieses Dorfes, machte tiefen Eindruck auf mich. Von ihm wurden drei knappe Einstellungen gezeigt:

In einer *ersten* sah man ihn im üblichen Gewand des orthodoxen Popen gemessenen Schrittes die Dorfstraße herunterkommen. Kinder kamen und gaben ihm die Hand, Erwachsene traten an ihn heran. Er hielt sich aber nie lange bei ihnen auf, sondern ging nach einem kurzen Wort weiter. Man hatte nicht einmal den Eindruck, dass er sich mit besonderer Anteilnahme und Liebenswürdigkeit den einzelnen zuneigte. Im Gegenteil, er durchschritt die Menge. Weit im Hintergrund, am Ende der Straße, sei – sagte die Kommentatorin – des Popen Familie zu sehen. Für mich war bemerkenswert, dass der Pope sich nicht volkstümlich im Kreise seiner Lieben und mit Enkel auf dem Arm filmen ließ, sondern dass er offenbar zugunsten dessen, was er repräsentierte, die Familie hinter sich lassen musste. – Eine *zweite* Einstellung zeigte ihn auf der Terrasse des Kafenions sitzen. Nun hätte man erwartet, ihn dort jovial mit anderen älteren Männern des Dorfes plaudern zu sehen. Aber nein, er saß allein an einem Tisch, völlig unbeweglich, und blickte stumm und konzentriert durch seine Brillengläser. Sein Kopf wendete sich nicht hierhin und dorthin, seine Augen huschten nicht hin und her. Vom ewig sich vollziehenden Alltagsgeschäft wollte er sich offenbar nicht unterhalten lassen. Und wer erwartet hätte, ihn wenigstens die Kaffeetasse zum Munde führen zu sehen, wurde enttäuscht. Er hatte eine Familie, er aß und trank sicherlich wie alle Menschen, aber das war es offensichtlich nicht, was er von sich zu zeigen wünschte. Nein, er machte sich in diesen Lebensäußerungen mit niemandem gemein, dafür war er nicht auf dieser Welt. – Eine *dritte* Einstellung zeigte ihn, nun im priesterlichen Gewand, in einer kleinen, kargen Kirche beim Zelebrieren eines Gottesdienstes. Es war nicht nur die Fremdheit des Gesangs oder der Sprache, die die Handlung wie einen Ausschnitt aus einer anderen Welt erscheinen ließ. Es war der Kult selber, der einen heiligen Kosmos in Szene setzte, von dem alles Leben auszugehen und zu dem hin alles Leben zu leben schien.

Ich fragte mich, welche Bedeutung eine solche Figur wie die des Popen für ein dörfliches Sozialsystem hat. Mir schien sie überaus bedeutsam, wenn nicht gar unverzichtbar. Repräsentiert der Pope doch eine unbedingte, eine heilige Weltordnung und steht mit seiner Person, wie sie ist, nicht nur, was sie sagt, für deren innersten Zusammenhalt. Außerhalb einer solchen Weltordnung und ohne Menschen, die sie ausstrahlen, zerfällt offenbar das Vertrauen in die Lebbarkeit des Lebens, geht aller Lebensmut dahin. Äußerst bemerkenswert erscheint mir, dass der Pope seine Aufgabe nicht wahrnimmt, indem er sich auf „Beziehungen" einlässt, einfühlsam zuhört und sich selbst als gefühlvoller „Interaktionspartner einbringt" (alles Ziele unserer gängigen Seelsorgetheorien!). Man tritt an ihn heran, aber er „durchschreitet die Menge", er

„macht nicht in Familie", er tritt nicht leutselig in ein Gespräch mit Besuchern des Kafenions ein. Nein, er ist nur da. Und allein durch sein Dasein gewährt er Teilhabe an dem, was er durch seine Person vertritt, Teilhabe an etwas, das jenseits von „Beziehung" ist, sie aber sichert und wiederum überschreitet. Er ist mitten im Vorfindlichen dessen Jenseits.

Nun lässt sich natürlich auch herbe Kritik vorbringen. Den Einwand z. B., ein Sozialsystem wie das geschilderte, eingebettet in eine „heilige Weltordnung", bringe doch auch einen hohen Grad von Unfreiheit und Normenrigidität mit sich, lasse ich gerne gelten. Er entwertet jedoch nicht die *Absicht*, mit der ich dieses Beispiel berichte. Selbstverständlich wird in einer urbanen „Risikogesellschaft", „Erlebnisgesellschaft", „Informationsgesellschaft" das, was unter einer „heiligen Weltordnung" begriffen werden soll, völlig anders ausfallen, wenn wir denn überhaupt noch in der Lage sind, etwas „Unbedingtes" zu benennen, das nicht von vornherein als ideologische Plattheit verworfen werden muss. Und selbstverständlich werden die „Popen", Menschen, die jenes „Unbedingte" ausstrahlen, ganz andere Gestalt annehmen müssen als im griechischen Dorf. Gleichwohl halte ich daran fest, dass unsere Gesellschaft nichts dringlicher braucht als Menschen mit den Eigenschaften des Popen, von dem ich erzählte. Ihre tröstende Präsenz sichert das Vertrauen, dass das Leben lebbar, vielleicht sogar lohnend und, wie zerstückt auch immer, in Lebensdeutungen geborgen ist. Und vielleicht könnten Alternde und Alte in unserer Gesellschaft zu solchen Menschen werden.

Harren vor dem Heiligen

Vor vielen Jahren nahm ich an einer ökumenischen Arbeitsgruppe teil, deren Mitglieder sich über eine „*praxis pietatis*", über unterschiedliche Frömmigkeitsformen also, austauschen wollten, um Anregungen für den eigenen Glaubensweg zu erfahren, womöglich aber auch gemeinsame Formen religiöser Feier zu erarbeiten. Schon bei der ersten Zusammenkunft prallten die verschiedenen Ansichten, welche Frömmigkeitsformen denn den persönlichen Glaubensweg begleiten oder für diesen gar verbindlich sein sollten, hart aufeinander. Offenbar hängen die eigenen Formen religiöser Praxis, ob sie nun zur guten Tat neigen oder zur stillen Einkehr, mit tiefster Selbstbegründung zusammen. – Plötzlich ertönte in der Diskussionsrunde die feste Stimme eines älteren Mannes aus dem Hintergrund, der während der gesamten Diskussion nur diesen einen Satz sagte: Er glaube, dass uns in unserem Leben vielleicht nur *eine* Aufgabe aufgetragen sei, nämlich die der „Anbetung". Ich drehte mich zu ihm um und gewahrte ein klares, gutes Gesicht, an das ich mich bis heute gerne erinnere. In den Augen zeigte sich nicht das ekstatische Flackern eines Fanatikers, das ich, ehrlich gestanden, erwartet hatte, sondern eine mich beeindruckende, sinnende Ruhe, beinahe so etwas wie eine warme Weisheit. Der Satz wurde nicht aufgenommen, die Diskussion wogte achtlos über ihn hinweg. Und auch ich war damals viel zu jung, dazu allzu sehr einer aktiven Lebensweise verbunden, als dass ich nur annähernd hätte ermessen können, was dieser Satz bedeutet. Allerdings habe ich ihn, ebenso wie das dazugehörige, glaubwürdige Gesicht, auch nicht vergessen.

Heute kann ich mich diesem Satz annähern. Freigesetzt von beruflicher Leistung, ist es für Alternde vielleicht eine der höchsten der ihnen zugedachten Aufgaben, jenseits aller Vernünftelei jenen letzten und verbindlichsten Ernst „im Leben und im Sterben", der ihnen aufgrund des je eigenen, nun sich neigenden Lebensweges zuteil werden kann, zu erwarten, vor dem sie ihr Knie ganz von selbst beugen, nicht unterwürfig, aber überwältigt. Wo die Kräfte, erst kaum merklich, dann aber immer deutlicher, abnehmen, könnte im Gegenzug ein unbedingt Gültiges und Verehrungswürdiges in der eigenen Seele erscheinen, ja im Bewusstsein immer noch anwachsen, das ich hier zusammenfassend „das Heilige" nenne. Und vielleicht wird es ganz ungewollt auch für andere vernehmbar.

Ich will mich freilich nicht verleiten lassen, über „das Heilige" zu spekulieren, Definitionen zu präsentieren, „Sinnangebote" ideologiekritisch zu durchleuchten. Dafür ist hier nicht der Ort. Vielmehr möchte ich dazu ermutigen, dass Alternde in eigener Verantwortung und aus Sinnwelten heraus, denen sie sich in ihrem Leben verbunden fühlen, *dem* sich immer tiefer verbinden, was ihnen selber „heilig" ist. Das kann sehr unterschiedlich ausfallen. Mir liegt nicht nahe, über den Zerfall geschlossener Sinnwelten zu trauern. Ihre Vertreter führten sich ja oftmals allzu totalitär auf und machten weiterführende, individuelle Einsichten zunichte. Ich kann im Gegenteil einen Vorteil darin sehen, dass uns mittlerweile viele Wege zur Besinnung rufen auf das, was uns von ferne ein Jenseits unseres kleinen Lebensglücks und unserer Armseligkeit spüren lässt, ein Größeres, Allgemeineres, Tieferes, dem Anbetung gebührt. Und über allem Streit um den „richtigen" Weg, um den „echten Ring" wie in G. E. Lessings „Ringparabel"[59], versäumen wir es oft, uns auf einen Weg zu *machen*, der uns aufgrund unserer Lebensgeschichte naheliegt. Der „echte" Ring wird – nach

Lessing – dort vermutet werden können, wo die „gute Tat" folgt oder bei uns Alternden mehr und mehr vielleicht so etwas wie eine weise Weltsicht.

Vor einiger Zeit nahm ich an einer Tagung zum Thema „Sterben – Tod – Trauer" teil, die zwar für Sterbebegleiter gedacht war, für Interessierte aber offen stand. Wie sich herausstellte, waren die professionell mit Sterbebegleitung Befassten sogar in der Minderzahl. Offenbar war das Thema auch für andere „Sterbliche", insbesondere Alternde, von hohem Interesse. Eines Abends saß eine größere Teilnehmerrunde noch nach dem Tagesprogramm zusammen. Man kam auf jene Schriftstellerin zu sprechen, die kurz zuvor ihren Freitod mit Hilfe eines Sterbehelfers in ihrer Villa am See inszeniert hatte. In ihrem prächtig ausgestatteten Schlafzimmer und unter Mozartklängen ging sie aus ihrem Leben. Eine Illustrierte hatte darüber Bilder verbreitet. Nachdem ein ziemlich kontroverser Meinungsaustausch über Sterbehilfe verebbt war, nahm eine Teilnehmerin nochmals den Tatbestand auf, dass die Schriftstellerin in ihren letzten Stunden Musik von Mozart habe hören wollen. Sie schloss die Frage an, was *wir* denn in der Stunde unseres Sterbens hören wollten, welche Vorstellungen uns im Übergang vom Leben zum Tode hilfreich sein könnten. Nach kurzem Stutzen ließen sich die meisten der Abendrunde auf diese sehr persönliche Frage ein. Ich berichte einige Antworten:

Eine ältere Dame äußerte spontan, dass sie sich zwar nicht Musik von Mozart wünschen würde, aber von Beethoven, und zwar den zweiten Satz aus dem fünften Klavierkonzert. Er strahle einen überirdischen Frieden aus. – Einen Musikwunsch hatte auch ein anderer Teilnehmer, allerdings nicht für seine Todesstunde, sondern für die Trauerfeier anlässlich seiner von ihm gewünschten Feuerbestattung. Während der letzten, in äußerste Stille führenden Takte des letzten Liedes aus G. Mahlers „Kindertotenliedern" („… sie ruhen, sie ruhen sich von dem Wetter aus. Von keinem Sturm erschrecket, von Gottes Hand bedecket, sie ruhen, sie ruhen wie in der Mutter Haus.") solle der Sarg abgesenkt werden, die „Erde" sich schließen und völlige Stille die Trauergäste umgeben. Ihm war wichtig, dass alles wieder so war, als hätte es ihn nicht gegeben, und er wieder „Erde", „Asche" und „Staub" im kosmischen Kreislauf. – Ulrich berichtete, der persönlichen Frage ausweichend, vom Sterben und Begräbnis seiner Mutter. Er hatte ihr nach ihrem Schlaganfall, als sie nicht mehr sprechen und kaum noch etwas wahrnehmen konnte, Gedichte eines von ihr hochgeschätzten, lateinamerikanischen Dichters vorgelesen und jeweils einige Worte dazu gesagt. Einige Male habe sie daraufhin ein kaum hörbares, tiefes „Jaaa …" gesagt. Man habe sie, gemäß ihrem Wunsch, in einem anonymen Grab bestattet, und zwar unter den Klängen der beiden Ecksätze aus A. Vivaldis „Jahreszeiten". – Für Jutta waren Bilder bedeutsam, die sie in der Stunde ihres Todes vor Augen haben wollte: weite schwingende Landschaften mit einer unendlichen Ferne, Bilder von Malern der Renaissance, aber auch eigene Fotografien. – Natürlich fehlten auch Beiträge aus spezifisch christlichen Symbolwelten nicht. Ein evangelischer Teilnehmer wünschte sich, dass an seinem Totenbett die beiden letzten Strophen des Paul Gerhardt-Liedes „O Haupt voll Blut und Wunden …" gebetet würden („Wenn ich einmal soll scheiden, so scheide nicht von mir …"). Eine weitere Teilnehmerin erinnerte sich an ein Textstück aus der katholischen Trauerliturgie: „Chöre der Engel …". Das himmlische Jerusalem öffnet die Pforten, und Chöre der Engel und alle Heiligen begrüßen den Verstorbenen, laden ihn ein, nehmen ihn auf. Ein Freudenfest beginnt.

Was zunächst wie ein etwas makabres „Wunschkonzert für die Todesstunde" begonnen hatte, war nach und nach in äußerst berührende Berichte über letzte, tragende Sinnhorizonte übergegangen. Wichtig für mich ist nicht etwa, dass die genannten Fragmente aus unterschiedlichen Sinnwelten in der jeweiligen Todesstunde tatsächlich in Erscheinung treten werden, sondern dass für jeden der Teilnehmer, der von sich berichtete, Sinnwelten existieren, deren Fragmente das, was dem einzelnen „heilig" ist, in sich bewahren. Hören wir genau hin, so kommen ja Dimensionen eines herbeigesehnten Lebens zutage, die vielleicht sogar in der Stunde des Todes symbolisch noch einmal feierlich deklariert werden sollen: Ein tiefes Ja zum Leben und Sterben, zum Werden und Vergehen; Geborgenheit und Schutz in allen Wettern des Lebens; Trost in allem Tödlichen; Hinausgehen über die eigene Lebenslandschaft ins Weite, Unendliche, Ewige; endlich zu Hause sein und Freudenfest. Es ist, als werde von den Teilnehmern angesichts des Todes ein großer Segen über die Lebenden gesprochen. Und jeder trägt eine Zeile bei.

Diese eine Zeile zu finden, die eigene, erscheint mir für uns Alternde die letzte und wichtigste Lebensaufgabe. Sie kündet von dem, was uns anbetungswürdig ist, und verwandelt uns unmerklich und still in Segnende. Diese eine Zeile ist nicht leichthin formuliert, gar vollmundig auszusprechen. Sie fällt uns nicht nach kurzen Stipvisiten in geistigen, ästhetischen und religiösen Sinnwelten zu. Sie ist das Ergebnis langer und keineswegs geradliniger Wege durch das eigene Leben, deren wir erinnernd inne werden; Ergebnis eines kontinuierlichen Memorierens der uns individuell eigenen, unser Leben begleitenden und deutenden Symbolbestände geistiger, ästhetischer oder religiöser Art, keineswegs Ergebnis einer Jagd nach immer Neuem; Ergebnis vor allem fortdauernder Übung in ausgewählten Gebieten, auf denen wir hinweisende Fragmente auf unsere „eine Zeile" zu finden hoffen. Damit ist allen marktkonformen, leicht zu konsumierenden Sinnangeboten und Wegen zur Glückseligkeit eine deutliche Absage erteilt. Man wird die eine, entscheidende Zeile nicht finden als geistiger und spiritueller Bildungstourist: nach einem Literaturzirkel, zwei Aquarellkursen, drei Ikebana-Abenden, vier Meditationswochenenden …, wiewohl sich darin Wege, die aber erst zu fortdauernden Übungswegen zu machen wären, andeuten könnten.

Entscheidend ist eine Grundhaltung auf den verschiedenen Übungswegen, die ich mit dem alten Wort „harren" belege. Wo wir dem begegnen wollen, was uns in der Tiefe unserer Person „heilig" ist, vor dem wir unser Knie beugen, müssen wir die Hoffnung auf alle schnellen Einsichten fahren lassen. In allen Religionen ist das „Heilige" ein eigentlich unbegreifliches Geheimnis, von dem sich nur etwas offenbart, wenn es immer wieder, über lange Zeit, vielleicht lebenslang harrend erwartet wird. Und wer kann von sich sagen, er „*verstünde*" ein Musikstück, ein Bild, ein Gedicht; sie sind vieldeutig und unausschöpflich. Und keine Bildungstheorie rechnet damit, der allseits gebildete Mensch werde von heute auf morgen seine schöne Gestalt, in der eine tiefe Weltsicht wohnt, zeigen. Nicht einmal psychologische Theorien, die ernst zu nehmen sind, gehen von einem raschen Wachstum zur reifen Persönlichkeit, gar mit störungsfreien Einsichten in die Tiefe der eigenen Person, aus. Wieviel mehr Zeit und Übung wird vonnöten sein, wenn es um die „eine Zeile" geht, die unser Beitrag zum großen Segen über alles, was lebt, werden soll! Der Weg heißt: Harren vor dem Heiligen.

Kürzlich erfuhr ich von einer (christlichen) Lebensgemeinschaft von Einzelnen, Paaren und Familien, die sich unter der Bedingung zusammengefunden hat, dass jeder – neben gemeinsamen spirituellen Verpflichtungen – einem „persönlichen Exerzitium" folgt, für das er sich auf längere Zeit festlegt. Zu den gemeinsamen spirituellen Verpflichtungen gehören gemeinsame bzw. individuelle Meditation und gemeinsame Arbeit an biblischen Texten. Das „persönliche Exerzitium", bestehend aus bis zu drei „Übungswegen", wählt sich jeder aus den Bereichen Selbsterfahrung, Kunst und Religion aus. So könnte ein „persönliches Exerzitium" beispielsweise aus regelmäßiger Traumarbeit, einer bestimmten Form der Malerei und spiritueller Leibarbeit bestehen. Nicht zu vergessen ist, dass für die meisten noch das „Übungsfeld" ihres Berufes dazukommt, als Sozialarbeiter, Arzt oder Kommunalpolitiker.

Was in dieser Lebensgemeinschaft konkrete Gestalt angenommen hat, beobachte ich mehr und mehr in meinem engeren und weiteren Bekanntenkreis, der mir altersmäßig nahesteht, aber ich finde es auch in der mir zugänglichen Literatur zu diesem Thema wieder. Immer mehr Alternde beenden die Kurzweil ihrer „Hobbies", die Teilnahme an unterhaltsam zu konsumierenden spirituellen Angeboten, die vielfältige Suche nach dem „ultimativen Kick", der ihnen das Leben geraderücken soll, begrenzen sich auf wenige, ihnen bedeutsam erscheinende Gebiete und machen sich auf sorgfältig ausgewählte Übungswege, die ohne Rücksicht auf Lust und Laune über lange Zeiten beschritten werden.

Wie die Formen auch aussehen mögen, welche Symbolwelten wir auch auswählen, es geht einzig und allein darum, *entschieden* eine geistige Welt zu betreten, die alle Sensationen, Zufälle und Banalitäten des Alltags überdauert, eine

Welt des Denkens, der Sinnbilder, der Anbetung, wenn wir ihrer auch nur in Fragmenten, die harrend zu entschlüsseln sind, habhaft werden können. Diese letzte Entgrenzung des eigenen Selbst hin zu einer geistigen Welt rüttelt ein letztes Mal an allen Strebepfeilern unseres Selbstarrangements. Ahnungen tauchen auf, was für menschliches Leben, aber eben auch für unser eigenes, unbedingt gültig und fundamental wäre, überwältigen, richten, fordern Hingabe, entfremden uns aber auch radikal von allem tagespolitischen Hinleben, führen in äußerste Nicht-Zugehörigkeit, leiten unsere Transfiguration ein. Das eigene kleine Selbst, das brav seinen Part in der „menschlichen Komödie" gespielt hat, scheint unterzugehen, scheint beinahe „vernichtet" zu werden, wie die Mystiker sagen. Bestenfalls ist es noch Medium und Mund für unsere „eine Zeile" des Menschheitssegens. Dann wäre unser Leben „erfüllt".

Letzte Stille

Schlussbild des „Rosenkavalier" von R. Strauß: Im Vordergrund der Bühne, in gleißendem Licht, die jungen Liebenden Octavian und Sophie. Im abgedunkelten Hintergrund, am Rande der Bühne oder auf einer im Dunklen endenden Treppe, Herr von Faninal, Sophies Vater, und die alternde Marschallin, deren junger Geliebter Octavian einst war. Gerade haben Octavian und Sophie in schmelzender Melodik ihr inniges Liebesduett angestimmt („Ist ein Traum, kann nicht wirklich sein, dass wir zwei beieinander sein ..."), und das Orchester variiert nun in einem Zwischenspiel Motive des Duetts. Da hinein hört man plötzlich Faninal aus dem Halbdunkel singen: „Sind halt aso, die jungen Leut!" Und die Marschallin antwortet in versöhnter Gelassenheit: „Ja, ja."[60]

In diesen wenigen Worten und Tönen schwingt eine unendliche Distanz zum leidenschaftlichen Lebensspiel mit. Die beiden Alternden sind ins Halbdunkel zurückgetreten, freiwillig, unbeweglich schauend. Als „junge Leut" waren sie auch einmal „aso". Jetzt sind sie andere und schauen vom Rande her dem Lebensspiel zu. Man spürt keinerlei Trotz, an den Rand gedrängt, abgeschoben zu sein. Sie wissen, wo sie jetzt hingehören. Die Abfolge der Lebensphasen mit je eigenen Aufgaben, der Wechsel der Generationen, das ist „halt aso". Und aus dem zweimaligen „Ja" der Marschallin klingt deutlich ihre Versöhnung mit dem Wechsel der Lebensalter heraus. Mehr noch: reiche Erinnerung, still gewordene Liebe, warmherziges Blicken auf die fernen Schauplätze des Lebens. Was bei Faninal noch wie ein Achselzucken anmutet, dass das Leben nun einmal so sei, verwandelt sich bei der Marschallin zu einer schauenden Stille, die der Dramatik des Lebensspiels, seinen Sensationen, keinen Vorrang mehr einräumt, ja beinahe zu so etwas wie Gleichgültigkeit dem stets sich Wiederholenden gegenüber. Aber man spürt auch: Glühende Lebenslust ist stiller Lebenswärme gewichen.

Alternde mag es manchmal erschrecken, wenn sie bei sich selber eine gewisse Gleichgültigkeit gegenüber dem sie umgebenden Lebensspiel bemerken, gerade dann, wenn sie sich noch im Voralter befinden. Bin ich schon so weit, dass ich der Welt innerlich Ade sage? Aber mehr und mehr wächst die Einsicht, dass Geschehnisse weniger beeindrucken, die Träume vom Leben blasser, das Verhältnis zu anderen kühler und auch das glühend Verehrte fahler wird. Eine gewisse Empfindlichkeit stellt sich ein gegenüber allen tiefsinnig geraunten Bedeutungen. Die Sinnwelt erweist sich als Brücke und Übergang. Und ab und zu wirkt unsere Umgebung sogar wie bloße Kulisse auf uns, vor der wir den Rest unseres Lebens spielen, ob wir nun dem schaukelnden Enkel zuschauen, einem Ritus beiwohnen oder das Werden und Vergehen in der Natur vorbeiziehen lassen. Manche fürchten, ihre Seele werde matt, „erlebnisunfähig". Aber könnte es nicht sein, dass die Seele lediglich unbehelligt lauschen möchte auf etwas, dem sie in dieser letzten Fremdheit zugehörig ist?

Noch einmal der „Rosenkavalier". Großer Monolog der Marschallin gegen Ende des Ersten Aufzugs: Die Marschallin philosophiert über die Zeit („Die Zeit, sie ist ein sonderbar Ding ..."). Schon vorher hat sie ihren Lebensweg von der Klosterschülerin zur alternden Marschallin nachgezeichnet. Und jetzt singt sie davon, wie sie manchmal nachts aufsteht und alle Uhren im Hause anhält („... und lass die Uhren alle, alle stehn."). Die Musik lässt ahnen, und zwar gerade in äußerstem Gegensatz zur sonst überaus farbigen Instrumentierung und Walzerseligkeit, welche Stille, ja Zeitlosigkeit eintritt, wenn alles schweigt, das Getöse des Lebensspiels verstummt. Bisweilen wird diese Szene interpretiert, die Marschallin wolle die Zeit anhalten, um ihr weiteres Altern nicht wahrnehmen zu müssen. Mir scheint, es geht um etwas ganz anderes: nämlich um das Betreten eines Raumes der Stille und der Zeitlosigkeit, vielleicht um einen Raum der Verschonung, in dem jedenfalls konkretes Lebensspiel immer weniger von Belang ist. Dies kann die Marschallin dem hereinplatzenden jungen Liebhaber natürlich nicht verständlich machen. Offenbar ist dieses Reich der Stille nur Alternden und Alten zugänglich. Octavian sieht die Nachdenklichkeit der Marschallin als eine Laune, als

Trübsinn an und wirft ihr vor, sie spreche „ja heut wie ein Pater". Sie schickt ihn schließlich mit dem warmherzig gesungenen Satz „... Er soll mich lassen" weg[61], um am Ende des musikalischen Spiels von fern und aus dem Halbdunkel heraus dem Lebensspiel im grellen Licht gelassen zuzuschauen. Und sicher wird sie noch öfters in ihrem Hause die Uhren „alle, alle stehn" lassen.

Was im Voralter nur Anklänge sind, nämlich dass Geschehnisse, Menschen, Sinnwelten weniger beeindrucken, vieles Kulisse zu werden scheint und eine Sehnsucht aufkommt nach einer letzten Stille, der man zugehört, kann sich mit zunehmendem Alter schließlich zu einer Lebensform verdichten, die K. Graf Dürckheim mit einem archetypisch anmutenden Bild veranschaulicht. Reife des Alters zeige sich gegen Ende des Lebens „dort, wo ein alter Mensch auf der Bank vor seinem Hause sitzt, in die Weite schaut, schweigend, unbeweglich, stundenlang, die Hände auf dem Bauch gefaltet. Er tut nichts mehr, und doch ‚tut' er gerade das Richtige. Dort wo er ist, dort wo er sitzt, dort wo er schaut, da geschieht etwas. Da geschieht Leben in seinem innersten Bereich. Das Nächste ist mit dem Unendlichen verbunden, und in geheimnisvoller Weise gehen die Wellen hin und her zwischen dem alten Menschen vor seinem Haus und der Ferne, in die er schaut, sei es das Meer, sei es die Ebene, sei es der Wald, seien es die Berge, sei es der Himmel; es kann aber auch der hohe Baum vor seinem Fenster sein oder die Wand seines Zimmers, ja selbst das Dunkel seiner erstorbenen Augen. In der Weise seines Schauens wird, was er sieht, zu einer Weise des Unendlichen, dem er sich selbst nun zugehörig empfindet. In diesem Hin und Her des Unendlichen, das sich in sich selbst bewegt, hat er seine Stille, eine leuchtende Stille, eine erfüllte Stille, eine gesegnete Stille."[62]

Anmerkungen

[1] Frankfurter Rundschau vom 20. 7. 2000, S. 1, 3, 4.
[2] R. Guardini, Die Lebensalter, S. 99.
[3] Zwei Zeilen aus R. M. Rilkes „Stunden-Buch" lassen Weite und Tiefe eines solchen Prozesses ahnen: „... ich lag in Harfendämmerungen/und atmete den Abendstern". In: GW Band I,1, Frankfurt/M. 1980, S. 41.
[4] Lebenszyklische Modelle von der Antike bis zur Neuzeit großteils zusammengestellt bei B. Lievegoed, Lebenskrisen – Lebenschancen, S. 31 ff.
[5] M. Teising, Nicht altern können – Schicksal des Narziß. In: E. Wenglein (Hg.): Das dritte Lebensalter, S. 15–27.
[6] J. Bodamer, Der Mensch ohne Ich, S. 91 ff.
[7] Grundlegend für diesen Ansatz: H. Kohut, Formen und Umformungen des Narzißmus; aber auch das Container-Konzept W.R. Bions, vgl. dazu R. Britton, Keeping things in mind; thematisch wichtig z. B.: P. Kutter, Altern in selbstpsychologischer Sicht.
[8] nach H. Radebold, Freuds Ansichten über die Behandelbarkeit Älterer.
[9] B. Lievegoed, Lebenskrisen – Lebenschancen, S. 88.
[10] a.a.O., S. 88.
[11] a.a.O., S. 89.
[12] nach B. Langmaack, Ungeplanter Ruhestand, S. 144 f.
[13] J. Améry, Über das Altern, S. 10.
[14] R. Guardini, Die Lebensalter, S. 74, 56.
[15] D. Ugresic, Das Museum der bedeutungslosen Kapitulation, Frankfurt a.M. 1998
[16] In die Welt vertrieben. Ein Gespräch mit der Autorin Dubravka Ugresic. In: Frankfurter Rundschau vom 6. 7. 1998, S. 10.
[17] K. Marx: Zur Kritik der Nationalökonomie – Ökonomisch-philosophische Manuskripte (1844). In: GW I (hg. von H.-J. Lieber und P. Furth), Stuttgart 1962, S. 597.
[18] aus einer Vorlesungsmitschrift.
[19] H. Bienek, Reise in die Kindheit. Wiedersehen mit Schlesien, München 1993, S. 7.
[20] H. Esslinger. Ausweg aus der Jammertalorganisation. Rückkehr zur Realität. In: W. H. Lechler, So kann's nicht weitergehn!, Stuttgart 1994, S. 81–93.
[21] zitiert bei A. Meier, Ich brauche ein neues Programm. In: W.H. Lechler, So kann's nicht weitergehn!, Stuttgart 1994, S. 11.
[22] H. Petzold, Theater oder das Spiel des Lebens. De humanae vitae tragoedia vel comoedia, Frankfurt a.M. 1982.
[23] G. Verdi, La Traviata, Textbuch, Stuttgart 1970, S. 55 ff.
[24] Th. Mann, Der Tod in Venedig, Frankfurt a. M. 1973.
[25] H. Radebold, Freuds Ansichten über die Behandelbarkeit Älterer.

[26] vgl. Kasuistik bei R. Battegay, Der Einfluß des Alters in der Psychotherapie auf Patient und Therapeut.
[27] H. Kohut, Formen und Umformungen des Narzißmus; auch ders., Narzißmus, S. 334 ff.
[28] ders., Formen und Umformungen des Narzißmus.
[29] P. Kutter, Altern in selbstpsychologischer Sicht.
[30] R. Sennett, Der flexible Mensch, Die Kultur des neuen Kapitalismus, Berlin 1998.
[31] B. Langmaack, Ungeplanter Ruhestand, Kap. 3.4, S. 38.
[32] C. Fritzenkötter, Gegen die Angst setzen manche Menschen auf verstärkten Streß, Frankfurter Rundschau vom 9. 10. 1998, S. 31.
[33] K. Graf Dürckheim, Alt werden – Zeit der Verwandlung, S. 21.
[34] K. Tucholsky: Oller Mann. In: Gedichte, hg. von Mary Gerold-Tucholsky, Reinbek 1983.
[35] J. Hillman: Vom Sinn des langen Lebens, S. 20.
[36] J. Hillman, Untertitel seines Buches: Wir werden, was wir sind.
[37] W. Müller: Die Winterreise, vertont von F. Schubert; vgl. auch P. Härtling, Der Wanderer, Darmstadt 1988.
[38] Hebr. 13,14.
[39] N. Postman: Wir amüsieren uns zu Tode, S. 12 und 14.
[40] F. Nietzsche: Also sprach Zarathustra (1883–1885), München 1961.
[41] P. Ricoeur. In: M. Meister, Das Schutzschild der Erinnerung, Frankfurter Rundschau vom 11. 11. 2000, S. 23.
[42] nach einem Wort von Jean Paul.
[43] Ricoeur, a.a.O.
[44] Salome, Textbuch, Mainz o. J. (London 1905).
[45] Chr. Rohde-Dachser: Loslösungs- und Individuationsprozesse in der psychoanalytisch orientierten Psychodramatherapie.
[46] J. Kipp: Erinnerung an Kindheit und Jugend bei alten Menschen.
[47] A. Grün: Wunden zu Perlen verwandeln, Münsterschwarzach 1997.
[48] H. Raguse: Umsetzung in eine fiktive Textwelt, Möglichkeiten und Grenzen der psychoanalytischen Literaturinterpretation.
[49] E. Weikert: Mit „Bert Brecht" auf Büchertour durch Nicaragua, Frankfurter Rundschau vom 23. 6. 1998, S. 24.
[50] H. Körner: Johannes. Erzählung. 8. Aufl., Stuttgart 1982, S. 100.
[51] W. Schmid: Philosophie der Lebenskunst (hier z.B. die Reflexionen über ein Bild von Edward Hopper, S. 15 ff.).
[52] vgl. V. Roll: Liebe mit 80. Die späte Asta Nielsen. In: Frankfurter Rundschau vom 8. 12. 1997 (Rezension des Buches: Liebe mit Achtzig, Asta Nielsen – Christian Theede: Briefe, Berlin 1997).
[53] J. v. Eichendorff: GW Bd I, München/Wien 1981, S. 216.

[54] Viele anregende Beispiele bei R. Boeckler: Im Alter Neues beginnen. Verwirklichungen einer Alterskultur.
[55] H. Hesse: Mit der Reife wird man jünger. Betrachtungen und Gedichte über das Alter, S. 10.
[56] P. Herrmann: Ich bin dein. Liebesbriefe deutscher Männer und Frauen, Berlin 1940, S. 123 f. (Brief Schillers an Caroline und Lotte v. Lengefeld, 1789?).
[57] R. Britton: Keeping things in mind.
[58] R. Guardini: Die Lebensalter. Ihre ethische und pädagogische Bedeutung, S. 67, 72, 73.
[59] G. E. Lessing: Nathan der Weise. In: GW Bd. 2, Berlin 1965.
[60] Der Rosenkavalier, Textbuch, Mainz o.J. (London 1911), S. 149.
[61] a.a.O., S. 44, 49, 51
[62] K. Graf Dürckheim: Altwerden – Zeit der Verwandlung, Paderborn 1979, S. 33.

Ausgewählte Literatur zum Thema „Altern"

1. Grundlegende allgemeine Literatur

Améry, J.: Über das Altern. Revolte und Resignation, Stuttgart, 6. Aufl. 1997.

Dürckheim, K. Graf: Altwerden – Zeit der Verwandlung. In: H. Petzold u. B. Bubolz (Hg.), Psychotherapie mit alten Menschen, Paderborn 1979, S. 21–38.

Giovannelli-Blocher, J.: Das Glück der späten Jahre. Mein Plädoyer für das Alter, Zürich, 2. Aufl. 2004.

Guardini, R.: Die Lebensalter. Ihre ethische und pädagogische Bedeutung (1953), Mainz, 8. Aufl. 1998.

Hesse, H.: Mit der Reife wird man jünger. Betrachtungen und Gedichte über das Alter (hg. v. V. Michels), Frankfurt a. M. 1990.

Hillman, J.: Vom Sinn des langen Lebens. Wir werden, was wir sind, München 1999.

Lievegoed, B.: Lebenskrisen – Lebenschancen. Die Entwicklung des Menschen zwischen Kindheit und Alter, München, 11. Aufl. 1997.

Rosenmayr, L.: Altern im Lebenslauf. Soziale Position, Konflikt und Liebe in den späten Jahren, Göttingen 1996.

Rosenmayr, L. (Hg.): Die menschlichen Lebensalter – Kontinuität und Krisen, München 1978.

2. Literatur zur Psychologie des Alterns

Battegay, R.: Der Einfluss des Alters in der Psychotherapie auf Patient und Therapeut. In: E. Wenglein (Hg.), Das dritte Lebensalter. Psychodynamik und Psychotherapie bei älteren Menschen, Göttingen 1997, S. 49–67.

Bodamer, J.: Der Mensch ohne Ich, Freiburg 1958.

Britton, R.: Keeping things in mind. In: R. Anderson (Hg.), Clinical Lectures on Klein and Bion, London-New York 1992, S. 102–113.

Kipp, J.: Erinnerung an Kindheit und Jugend bei alten Menschen. In: H. Radebold (Hg.), Altern und Psychoanalyse, Göttingen 1997, S. 121–138.

Kohut, H.: Formen und Umformungen des Narzißmus. In: Psyche 20 (1966), S. 561–587.

Kohut, H.: Narzißmus. Eine Theorie der psychoanalytischen Behandlung narzißtischer Persönlichkeitsstörungen, Frankfurt a. M. 1973.

Kruse, A.: Menschenwürdig sterben – ethische, gesellschaftliche und fachliche Voraussetzungen. In: Th. Hiemenz und R. Kottnik (Hg.), Chancen und Grenzen der Hospizbewegung, Freiburg i. Br. 2000, S. 17–36.

Kutter, P.: Altern in selbstpsychologischer Sicht. In: H. Radebold (Hg.), Altern und Psychoanalyse, Göttingen 1997, S. 54–67.

Lidz, Th.: Das menschliche Leben. Die Entwicklung der Persönlichkeit im Lebenszyklus, Frankfurt a. M. 1970.

Lückel, K.: Das war mein Leben. ‚Lebensbilanz' in der Begleitung schwerkranker, sterbender und trauernder Menschen. Ein Beitrag aus der Gestaltseelsorge. In: Wege zum Menschen 45 (1993), S. 196–215.

Petzold, H. und Bubolz, B. (Hg.): Psychotherapie mit alten Menschen, Paderborn 1979.

Radebold, H. (Hg.): Altern und Psychoanalyse, Göttingen 1997.

Radebold, H.: Formen und Möglichkeiten der Psychotherapie im Alter. In: Psychother. med. Psychol. 36 (1986), 337–343.

Radebold, H.: Freuds Ansichten über die Behandelbarkeit Älterer. In: Zeitschr. f. psychoanal. Theorie und Praxis IX (3-1994), S. 247–259.

Radebold, H.: Psychoanalytische Psychotherapie und Psychoanalyse im höheren und hohen Erwachsenenalter. In: Zeitschr. f. psychoanal. Theorie und Praxis IX (4-1994), S. 439–451.

Radebold, H.: Psychodynamik und Psychotherapie Älterer. Psychodynamische Sicht und psychoanalytische Psychotherapie 50–75jähriger, Berlin Heidelberg New York 1992.

Radebold, H.: Psychoanalytische Zielsetzung für Ältere. In: Zeitschr. f. Gerontologie 25 (1992), S. 349–355.

Raguse, H.: Umsetzung in eine fiktive Textwelt. Möglichkeiten und Grenzen der psychoanalytischen Literaturinterpretation. In: Frankfurter Rundschau vom 11. 11. 1997, S. 12.

Rohde-Dachser, Chr.: Loslösungs- und Individuationsprozesse in der psychoanalytisch orientierten Psychodramatherapie. In: Gruppenpsychotherapie und Gruppendynamik 15:161 (1980), S. 271–306.

Teising, M.: Altern - eine Herausforderung an den Narzißmus. In: H. Radebold (Hg.), Altern und Psychoanalyse, Göttingen 1997, S. 68–80.

Teising, M.: Nicht altern können - Schicksal des Narziß. In: E. Wenglein (Hg.), Das dritte Lebensalter. Psychodynamik und Psychotherapie bei älteren Menschen, Göttingen 1997, S. 15–27.

Wenglein, E. (Hg.): Das dritte Lebensalter. Psychodynamik und Psychotherapie bei älteren Menschen, Göttingen 1997.

3. Sonstige Literatur

Baumotte, M. (Hg.): Von der Kunst, älter zu werden. Texte zum Vor- und Nachdenken, Hannover 2002.

Boeckler, R.: Im Alter Neues beginnen. Verwirklichungen einer Alterskultur, Göttingen-Zürich 1999.

Brock, B. (Hg.): Die Macht des Alters. Strategien der Meisterschaft, Ausstellungskatalog, Köln 1998.

Esslinger, H.: Ausweg aus der Jammertalorganisation. Rückkehr zur Realität. In: W. H. Lechler, So kann's nicht weitergehn!, Stuttgart 1994, S. 81–93.

Grün, A.: Verwandlung. Eine vergessene Dimension geistlichen Lebens, Mainz, 6. Aufl. 1997.

Hilgers, M.: Da tut's weh und dort tut's weh. Altern ist ein Entwicklungs- und Umbauprozeß. In: Frankfurter Rundschau vom 6. 6.1998, S. 6.

Kuratorium Deutsche Altershilfe, KDA (Hg.): Rund ums Alter. Alles Wissenswerte von A bis Z, München 1996.

Langmaack, B.: Ungeplanter Ruhestand. Zum konstruktiven Umgang mit dem frühzeitigen Ausscheiden aus dem Arbeitsleben, Stuttgart 1997.

Lauer, H. E.: Vom richtigen Altwerden. Der menschliche Lebenslauf, seine geschichtlichen Wandlungen und seine Gegenwartsprobleme, Frankfurt a. M. 1985.

Meister, M.: Das Schutzschild der Erinnerung. Ein Gespräch mit Paul Ricoeur. In: Frankfurter Rundschau vom 11. 11. 2000, S. 23.

Postman, N.: Wir amüsieren uns zu Tode. Urteilsbildung im Zeitalter der Unterhaltungsindustrie, Frankfurt a. M. 1988.

Psychologie heute compact Nr. 4: „Lebenskunst", Weinheim 1998.

Schenk, H.: Am Ende, Köln 1997 (Roman).

Schmid, W.: Philosophie der Lebenskunst. Eine Grundlegung, Frankfurt a. M. 1998

Tucholsky, K.: „Oller Mann". In: Gedichte, hg. von Mary Gerold-Tucholsky, Reinbek 1983.

Zweig, St.: „Letztes Gedicht. Der Sechzigjährige dankt". In: Gesammelte Werke – Einzelband „Silberne Saiten, Gedichte", Frankfurt/M. 1982.

Weitere Bücher aus dem Verlag Via Nova:

Gewinne deine Lebenskraft zurück

Wie du deine ganzheitliche Intelligenz nutzen kannst, um im Privat- und Berufsleben zu neuer Kraft zu gelangen

Dr. Maria de Rocha Chevalley

Hardcover, 176 Seiten – ISBN 3-936486-47-6

Die meisten Menschen nehmen sich selbst, andere Menschen und Situationen in einer Weise wahr, die ihnen von ihrem analytischen Denken aufgezwungen wird. Sie sind daran gewöhnt, ständig zu bewerten, zu vergleichen und zu analysieren. Dies kann sehr schnell zu einer Spaltung führen. Es überrascht daher nicht, dass als Folge viele Menschen ihre Lebenskraft verlieren. Sie verhindern die Verbindung zu ihrer höheren ganzheitlichen Intelligenz. In diesem Buch werden Brücken gebaut, die die analytische und die ganzheitliche Intelligenz miteinander verbinden. Wir brauchen für ein glückliches, erfolgreiches, kreatives und erfülltes Leben beide Ebenen der Intelligenz, um zu einem ganzheitlichen Verständnis zu gelangen, das unsere unbewussten „Programme" verändern kann, um einen besseren Weg des Denkens, Fühlens und Handelns zu lernen und um das fortschreitende Tempo des Informationszeitalters kreativ zu bewältigen.

Denke dich gesund

Die Überwindung krankmachender Denkmuster

Adalbert Töpper

Gebunden, 128 Seiten – ISBN 3-928632-36-1

Die Grundeinsichten und Weisungen in diesem Buch gehen auf die Heilungsprinzipien des großen Heilers Frederick Bailes zurück. Bailes erlebte, wie die konstruktive Nutzung des kreativen, kosmischen, göttlichen Gesetzes nicht nur Krankheiten heilte, sondern zerrüttete Familien wieder vereinigte, schwer erziehbare Kinder besänftigte und Menschen von ihrem Leiden befreite. In „Denke dich gesund" vertieft der Verfasser den geistigen Mechanismus von Bailes unvergleichlicher Heilweise. Er macht bewusst, dass eine intensive Kooperation mit dem Göttlichen angesichts der zunehmenden Krankheitsproblematik und der sich anhäufenden Schwierigkeiten in Staat und Gesellschaft dringend notwendig ist. Das Buch schafft einen Einblick in den geistigen Mechanismus, der durch die Vorherrschaft destruktiver Gedankenmuster in Gang gesetzt wird und schließlich zu Krankheiten führt. Es vermittelt die Erkenntnis, dass Gott als die unendliche Liebe und Intelligenz in unserem Bewusstsein denkend tätig werden und dabei perfekte Gedanken in sichtbare Realität umsetzen kann.

Durch Energieheilung zu neuem Leben

Atlas der Psychosomatischen Energetik

Dr. med. Reimar Banis

Hardcover, 408 Seiten, Großformat, vierfarbig – ISBN 3-936486-15-8

Jeder Mensch, der mehr über sich, seinen unbewussten Charakter erfahren möchte, kann von diesem Buch nur profitieren. Der Leser findet Informationen aus allen Kultur-Epochen und spirituellen Disziplinen über die Lebensenergie, die Chakras und deren herausragende Bedeutung für Gesundheit, Lebensfreude und Sinnfindung im Leben. Der Autor verbindet das naturwissenschaftliche Weltbild mit Erkenntnissen der modernen Energiemedizin und uralter spiritueller Erkenntnisse. Ein neues Weltbild wird sichtbar, in dem die seelische Evolution des Einzelmenschen den eigentlichen Schlüssel darstellt. Dr. Banis schildert ein neues, einfaches System der Energiemedizin, das er entdeckt hat, um Energieblockaden in kürzester Zeit zu erkennen und zu heilen – die Psychosomatische Energetik.

Die unbegrenzten Dimensionen deiner spirituellen Kraft

Ein inspirierender Wegweiser zur persönlichen Freiheit
Nick Williams
Paperback, 280 Seiten – ISBN 3-936486-70-0

Macht und Kraft faszinieren uns alle. Doch in weiten Teilen der Welt können wir beobachten, welche verheerenden Folgen es hat, wenn Macht falsch verstanden wird. Nick Williams spricht in diesem bahnbrechenden Buch von einer ganz anderen Macht: der Macht der Liebe, der Inspiration und der Kreativität. Wir können eine unglaublich positive Entwicklung erfahren, wenn wir die mystische Kraft der Liebe in den Mittelpunkt unseres Lebens stellen. Der Autor erinnert uns daran, dass wir aus uns selbst heraus ungeheuer kraftvoll und nicht darauf angewiesen sind, Macht von außen verliehen zu bekommen. Unsere spirituelle Kraft liegt in dem Wissen, dass wir die Quelle unserer Gedanken transformieren können: von der Angst zur Liebe. Nick Williams zeigt uns in praktischen Schritten, wie das gelingt.

21 Übungseinheiten zur persönlichen Energiegewinnung

Körperliche, emotionale und mentale Energiebalance finden
Dr. Franz Decker
Paperback, 144 Seiten, zweifarbig, 94 Grafiken – ISBN 3-936486-62-X

Energie-Balance bedeutet, das Gleichgewicht zwischen Energieverbrauch und Energieaufbau ständig zu erhalten, neu zu begründen. Energie-Balance ist eine permanente Regulationsaufgabe, um so unsere Lebenskraft zu erhalten, wie es beispielsweise die alten Chinesen im Yin-Yang-Prinzip getan haben. Das Buch zeigt uns Wege, wie wir den kraftraubenden Alltag ausgleichen können, damit wir uns nicht chronisch überfordern und schneller zu Ruhe und Gelassenheit kommen. Es handelt sich um ein Auftankbuch und bietet in 21 praxiserprobten Übungseinheiten die Möglichkeiten zur täglichen Energiegewinnung, zur Entspannung, Meditation, Gehirnaktivierung und Vitalität, um so die körperliche, emotionale und mentale Energie-Balance zu erhalten bzw. wiederzugewinnen. Nur Übung führt zur Lebensmeisterung. Das Überforderungs- und Erregungs-Syndrom sowie die einzelnen Energiekiller des Alltags hat Franz Decker in seinem Buch „Energie-Balance finden" (Verlag Via Nova, 2004) bereits dargestellt.

Yoga auf dem Stuhl

Ein Übungsbuch für Beruf und Alltag
Edeltraud Rohnfeld
Hardcover, 184 Seiten – ISBN 3-936486-72-7

Viele Menschen würden gerne die körperbewussten Entspannungstechniken des Yogas erlernen. Doch aus Zeitmangel, Alters- oder anderen Gründen scheuen sie sich, klassisches Yoga auf der Matte zu erlernen. Genau diese Menschen werden sich durch diese neue Form des Yogas angesprochen fühlen, denn so gut wie jeder kann sie ausführen. Egal, ob sie sich zu dick, zu steif, zu alt oder zu wenig selbstbewusst fühlen, die Übungen in diesem Buch sind so abgewandelt, dass sie selbst von behinderten Menschen im Rollstuhl ausgeführt werden können. Ob im Büro oder zuhause, ob unterwegs im Zug oder im Flugzeug, ob während der Rekonvaleszenz nach schwerer Krankheit oder Unfall, mit dieser Form des Yogas ist der Übende flexibel. Der Effekt ist groß, der Schwierigkeitsgrad niedrig und die Gefahr, sich eine Verletzung zuzuziehen, gering. Alle Übungen werden so ausführlich und anschaulich beschrieben, dass jeder Interessierte sie ohne jede Vorkenntnisse ausführen kann. Zum besseren Verständnis sind den Übungen Illustrationen der Autorin beigefügt.

27 Perlen der Weisheit von Willigis Jäger

Keiko Nimura-Eckert (Hrsg.)
Gerd Aumeier (Fotoillustrationen)
Hardcover, 96 Seiten – ISBN 3-936486-44-1

Der bekannte Zenmeister und Kontemplationslehrer Willigis Jäger ist heute für viele Menschen zu einem Wegbegleiter auf dem Weg nach innen geworden. Eine langjährige Schülerin von Willigis Jäger, die Japanerin Dr. Keiko Nimura-Eckert, hat 27 Texte aus den Veröffentlichungen ihres Meisters mit Liebe und Achtsamkeit ausgesucht. (Die Zahl 27 ist in Japan eine heilige Zahl spirituellen Wachstums.) Sie geben Antwort auf die Grundfragen des Lebens, die heute so viele Menschen bewegen. Der Fotodesigner und Künstler Gerd Aumeier hat aus seiner eigenen meditativen Praxis schöpfend mit einer durchgehenden visuellen Symbolsprache spirituelle Inhalte in künstlerischen Farbillustrationen sichtbar gemacht. So ist ein attraktiver Band mit spirituellem und künstlerischem Tiefgang entstanden, der nicht nur zur persönlichen Besinnung einlädt und der Wahrheits- und Sinnsuche dient. Er ist sowohl in seiner äußeren Form als auch vom Inhalt her als ein anspruchsvolles Geschenk geeignet.

Die Kunst der Lebensfreude

Ein praktischer Weg zu mehr Lebensglück und Erfüllung

Peter Reiter

Hardcover, 264 Seiten – ISBN 3-936486-19-0

Der Verfasser macht in diesem Buch dem Leser bewusst, dass Lebensfreude, Glück und Erfüllung bereits in jedem liegen, wie die mystische Philosophie sowie auch die großen Religionslehrer verkünden. Der Zustand der Freude ist kein Fernziel, kein Endzustand weniger Heiliger, Erleuchteter oder gereifter Persönlichkeiten, sondern kann von allen Menschen hier und jetzt erfahren werden, wenn sie bereit sind, sich vom selbstgeschaffenen seelischen Ballast zu befreien. Diese Lebenskunst anzuwenden, die vom Lebenskampf zur Lebensfreude führt, wird jeden freier, glücklicher und vor allem liebevoller machen. Der im Buch beschriebene Weg der Lebenskunst erfordert keine Vorbildung, ist jederzeit möglich, wo immer man steht. Wenn die wenigen einfachen Regeln und Methoden dieser Kunst angewendet werden, werden Lebensaufgaben fortan mit Freude statt mit Leid ausgeführt, um geradezu „unverschämt glücklich" zu sein. Denn Glück und Unglück liegen einzig im Geist, und was ist wichtiger, als glücklich und lebensfroh zu sein?

Die Vision vom göttlichen Menschen

Eine spirituelle Weg-Begleitung in das neue Jahrtausend

Barbara Schenkbier

Paperback, 424 Seiten, 21 ganzseitige Bilder – ISBN 3-928632-68-X
Prachtband: Geb., 424 Seiten, Einband Kunstleder mit Goldaufdruck,
21 ganzseitige Bilder, Zweifarbendruck – ISBN 3-928632-18-3

Das Buch ist ein umfassendes Standardwerk, das den Durchbruch einer neuen Evolutionsstufe im Bewusstsein des Menschen vorbereiten hilft. Aufbauend auf wissenschaftlichen Erkenntnissen und der mystischen Tradition aller Religionen führt es zu einem tieferen Wissen über das menschliche Bewusstsein, um dann den Weg zum göttlichen Menschen zu beleuchten. Alle wichtigen Schritte werden beschrieben, wesentliche Übungen aus einer neuen Sicht heraus dargestellt und die Transformationsstufe zu einem neuen Bewusstsein geschildert. Beim Lesen und Anwenden der beschriebenen Wahrheiten eröffnet sich dem Leser eine neue Sicht auf den Sinn des Lebens. Alle, die den geistigen Weg beschreiten, werden ihn besser verstehen, ihn bewusster, mutiger und konsequenter weitergehen. Das Buch ist aus der eigenen spirituellen Erfahrung der Autorin heraus geschrieben und eröffnet den Blick in eine Zukunft, die die evolutionäre Schöpferkraft selbst schaffen wird.

Hundert Wege der Hoffnung

Edition Spirituelle Romane
Robin Rice
Paperback, 312 Seiten – ISBN 3-936486-71-9

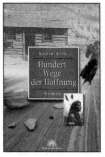

Spirituelle Heiler auf der ganzen Welt haben der Hauptfigur dieses spannenden Romans, Mary, immer wieder gesagt, sie sei „Die Eine", haben ihr jedoch nicht offenbart, worin ihre Aufgabe besteht. So folgt sie scheinbaren Zufällen wie Brosamen, bis sie schließlich im Canyon de Chelly in Arizona zu ihrer Ganzheit und zu ihrem wahren Selbst findet. In dieser lebendig und sehr spannend erzählten Geschichte schickt die Autorin ihre Heldin Mary auf eine Reise, während der sie durch visionäre Erfahrungen und mit der Hilfe eines weisen Lehrers das Reich universeller Wahrheiten betritt. Unterschiedliche spirituelle Traditionen werden zu einem harmonischen Ganzen vereint, und gemeinsam mit Mary entdeckt der Leser, dass es auf dieser Welt weit mehr gibt, als unsere fünf Sinne wahrzunehmen vermögen. Der Roman wurde schon in mehrere Sprachen übersetzt.

Menschliches Reifen und göttliche Berührung

Joseph Zapf

Gebunden, 264 Seiten, 8 farbige, ganzseitige Bilder von Rosina Zipperle
ISBN 3-928632-08-6

Reifsein ist eines der erstrebenswertesten und beglückendsten Lebensziele. Der Mensch wird jedoch nicht reif ohne eigenes Zutun. Deshalb sind konkrete Lernschritte und praktische Methoden für das eigene Reifen im Alltag so entscheidend wichtig. Wer danach fragt, der findet in diesem Buch sehr konkrete, praktische Hinweise und Anregungen. Scharfsichtig führt der Autor zu einer prüfenden Selbstbesinnung. Er geht den Trübungen des Bewusstseins bis ins Unterbewusste sorgfältig nach. Hilfen werden angeboten, wie beispielsweise Grundformen der Angst, Fixierungen und Vorurteile überwunden werden können. Die lichtdurchfluteten Bilder von Rosina Zipperle und die meditativen Texte des Verfassers vertiefen die spirituelle Wirkung des Buches.

Kontemplation und Mystik

Paperback, 48 Seiten, zwei Ausgaben: Frühjahr und Herbst
ISSN 1610-2185

Kontemplation und Mystik ist eine **Zeitschrift** zu Praxis und Theorie kontemplativen Lebens. Ihr Anliegen ist, den alten, fast vergessenen christlichen Gebetsweg der Kontemplation wieder bekannt zu machen, der in den Raum mystischer Erfahrungen führt. So möchte diese Zeitschrift all jenen als Forum dienen, die sich der mystischen Tradition verbunden fühlen und konkrete Anregungen und Impulse für den eigenen spirituellen Weg suchen. Damit dient die Zeitschrift dem Dialog sowohl innerhalb der christlichen Tradition sowie zwischen den verschiedenen mystischen Erfahrungswegen der Religionen als auch den angrenzenden Wissensgebieten und Forschungsfeldern, insbesondere der transpersonalen Psychologie.
Die Beiträge in **„Kontemplation und Mystik"** sind aus der Erfahrung heraus für die Erfahrung transpersonaler, mystischer Bewusstseinsräume geschrieben. Sie berücksichtigen gleichermaßen die mystische Tradition sowie deren Verwirklichung im spirituellen Alltag. So ist diese Zeitschrift ein wichtiger Begleiter auf dem Weg nach innen.